パリ　かくし味

パリかくし味

蜷川 譲
Ninagawa Yuzuru

海鳴社

はじめに

パリは魅惑に満ちている。

その思いが忘れがたく、ここではフランスの知の世界の一端をかえりみたい。

その一つは哲学者ミシェル・フーコーが見出した殺人犯「ピエール・リヴィエールの手記」である。それは一五〇年間もの歴史を経てフーコーらによって驚くべき評価が下されたのである。

事件は一八三五年。ノルマンディ地方の農家に生まれたピエール・リヴィエールが実の母親と妹、弟を殺害した事件である。父と母は別居生活のうちに母は常習的な借金で父を苦しめる過程の中で事件は起った。

ピエールは父との生活のなかで、母を殺害し、自らも自殺する以外に道はないと信じる確信者となった。よくある事件のようだが、ピエールは刑務所の中で四十ページもの弁明書を書き残した。

村では白痴扱いされていた男が、美しい文章を綴り、理路整然と論旨を展開するその文書を読んだフーコーは驚きの眼を見張った。そしてフーコーはその手記がピエールの汚名を雪いだと書いた。そしてこのテーマは、その後、「私ピエール・リヴィエールは母と妹と弟を殺害した」（監督ルネ・アリオ）と「かつてノルマンディで」（監督ニコラ・フィリベール）と二度までも長編映画が製作された。

この念の入った二世紀にも及ぶ事件の追及は世界的規模で脚光を浴びた。

このようにパリは人間を集中させる力をもっている。ときにパリは人びとの心をかきたて、かき乱し、やがて酔わせてゆく。その魅惑の真価を求めて人びとはパリに集る。

ミシェル・フーコーの後継者ジル・ドゥルーズは、晩年、事件を考察する上の根幹は、シャルル・ペギーのいう歴史を貫く「内奥のもの」の概念の創造だと書いた。

この言説を受けつぎ、事件を貫く「内奥のもの」の追及が絶えずなされなければならないだろう。フーコーが言うように、現代社会では、アート（技芸）はもっぱら物体《オブジェ》にしか関与しないものになってしまい、個人にも人生にも関係しないという事実がある。技芸（アート）が美術家だけが作る専門になっている。しかしなぜ各人それぞれが自己の人生を一種の芸術作品にすることができないのだろうか。なぜこのランプとかこの家が一個の美術品で、私の人生がそうではないかという思いにかられる。

パリには、いやフランス中にいたるところに、あたらしい概念（コンセプト）の発見と創造が芽生えようとしている。

ドイツの劇作家ブレヒトは「この皿にフランスのチーズ（フロマージュ）を盛って、ぼくの劇場のロビーに並べたいね」と言った。ドイツ人に文化とは何かを伝えるために。彼の考えていたのは、もちろんチーズだけのことではなく、古いラテン文化の生活様式にある快適さのことだった。ドイツはそこから一度も学んだことはなかったが、その言葉は日本への警告にも通ずるであろう。その快適さはパリのかくし味の追及に見出されるであろうか。

また本書は「旅」の根幹を考えさせてくれようか。

「旅」といえばパック旅行（団体旅行）が横行する現代に、本当の旅とは何か、旅のコンセプト（概念）を考え直し創造する時機ではないだろうか。

薦《こも》着ても好な旅なり花の雨　田上菊舎《たがみきくしゃ》

（田上菊舎全集「首途」和泉書院）

この「薦着ても」（乞食《こじき》になっても）の句は江戸後期の女性俳人の、芭蕉の「奥の細道」を逆コースに歩むなどの俳諧修行のなかで生れた名句である。

旅のコンセプトの核心をとらえているではないか。

パリにもさまざまなかくし味がある。このかくし味は、安易には味わえるものではない。ときには数世紀に及ぶ歴史を経て発見出来るものすらある。

それだけに見ることから学んで捉えがたい実態を、味読することはできないだろうか。

それに一歩ふみ出せばフランス人の内面から出る善意《ボンテ》に触れることもできよう。

そのすじ道は一様ではなく、各自の体験の純化にかかっている。

私の独自のささやかなパリ体験から語ってみよう。

セーヌ河の白鳥の島．ベケットは師Ｊ・ジョイスとよく訪れた．晩年の即興劇にも登場する．

ユシー村で取材中の著者．2005年秋．

レジスタンスの記念の壁（パリ，シテ島東端．ナチス・ドイツの牢であった）．

ドゥルーズの家のあるニエル通り．「かくし味」のレストランもみえる．

マリリン・モンローもウインドーでほほ笑む．美術写真画廊の前で．

セーヌ街は静かでいつも活気に満ちている．

左：ポスターの落書きも味がある.
右：オデオン座のブレヒト劇の公演ポスター.

メトロ（地下鉄）の大ポスター.

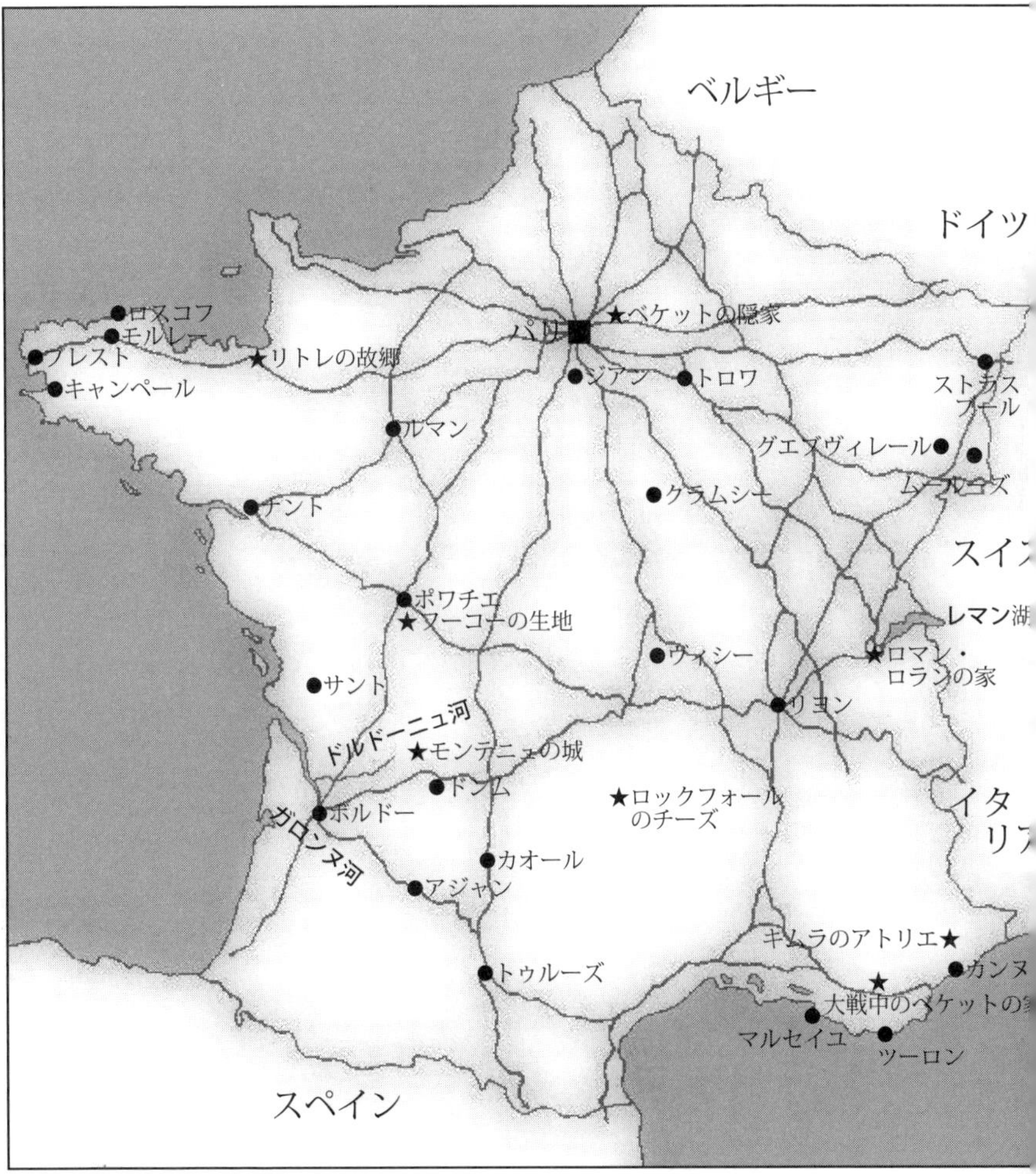

ベルギー
ドイツ
ロスコフ
モルレー
ブレスト
キャンペール
★リトレの故郷
パリ
★ベケットの隠家
ジアン
トロワ
ストラスブール
ルマン
グエブヴィレール
ムールコズ
ナント
クラムシー
スイス
ポワチエ
★フーコーの生地
レマン湖
ヴィシー
★ロマン・ロランの家
サント
リヨン
ドルドーニュ河
★モンテニュの城
ドンム
★ロックフォールのチーズ
イタリア
ボルドー
ガロンヌ河
カオール
アジャン
キムラのアトリエ★
トゥルーズ
カンヌ
★大戦中のベケットの家
マルセイユ
ツーロン
スペイン

フランス

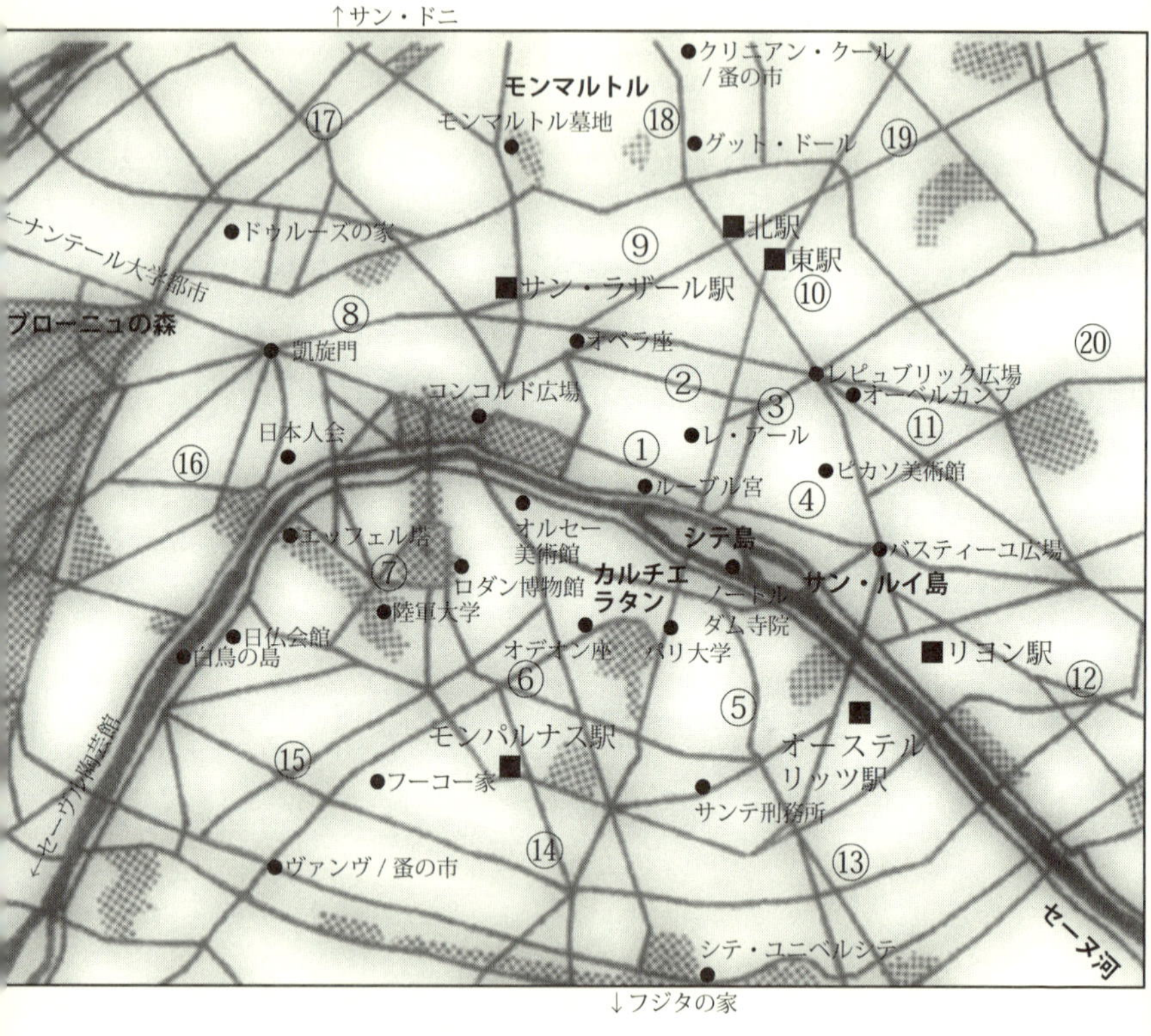

パリ　数字はパリ各区（1～20区）

もくじ

一、ベケット『ゴドーを待ちながら』から
ドゥルーズの終の住処まで

十年以上前の夏のある日、私はパリ東駅から郊外線に乗って約一時間、ラ・フェルテ・スー・ジュアール駅を降りた。

ここから約四キロのユシー・シュル・マルヌ村に向かおうとしていた。左手の道は交通量の多い自動車道路、右手の丘の道はのどかな田舎道。私は笹深い山道を通りぬけかなりの距離を歩いてユシー村は近づいた筈と思いながら立留まった。人家もまばらな村里には、道を尋ねようにも人影はなかった。

しばらくあたりを眺めて立ちすくんでいると、中年の夫人が声をかけてくれた。

「どこをお探しですか?」の声にほっとして、「ユシーのベケットの隠れ家を探しに」と答えた。するとと「自分では判らないので主人に聞いてみましょう」と言って家へ戻った。

しばらくして主人が現われて

「ここはユシーの隣り村で、このあたりのことは何でも知っている筈だが、……」と言いながら、私が手にもっていたサミュエル・ベケットの*En attendant Godot*（ゴドーを待ちながら）を見て考え込んだ。

そして家に帰ったかと思うと車のキーを用意し、「探してみましょう」と言って私を乗せて走り出した。

それから市役所に行き図書館や知人宅に向い、ガソリンスタンドで長い電話をかけ、などしてかなりの時間を費した。

そしてユシー村の中心にある大農家に連れて行ってくれた。ここはベケットのかくれ家の一つであり、この一室を借りて、質素な生活を続け専ら孤独のうちに作品を書き続けていたという。その魅力的な打ちこみ方を、その家のマダムは、一語一語噛みしめるように語ってくれた。

この半日を費した心のこもった奉仕への私の礼状の返事に主人は「あなたの調査に役立った以上に、こんなに近くにベケットが息づいていたことを学んで大変な喜びでした」と書いた。

この彼の知的関心の高さとボンテ（積極的な善意）には敬服させられる。

その後彼との文通は跡絶えなかった。その間ユシー村の広報は活発に動き始めた。

一般の広報以外に二〇〇一年三月には「ユシー・シュル・マルヌにおけるサミュエル・ベケット」、

二〇〇三年にはベケットの友人の「画家アンリ・ハイドンの散歩道」といった立派なパンフレットの発行をみた。これが人口わずか八〇四人の村の文化活動だと知ると驚きは倍加する。

また二〇〇二年一月にはベケットの別荘の垣根に大理石板の標示「サミュエル・ベケット（一九〇六―一九八九）一九六九年ノーベル賞受賞劇作家、文学者。一九五三―一九八九年までここに住む」が掲げられ、この家に面した通りはサミュエル・ベケット街と命名された。

これらの情報は、直ちに彼から郵送されて来た。

これまでに至る苦労と努力は並大抵のものではないと思いながら、この二〇〇五年十月十三日、C夫妻に再会することとなった。

SNCF（国鉄）の駅に車で出迎えてくれ、午前はベケットの別荘に住む大農家の夫人と十年ぶりに再会し喜びをわかちあった。彼女はときに庭石に坐り込み「ベケットはこんな風に坐って静けさを愉しんでいた」と語った。

午后は彼が立てていたスケジュール通りシャンパンの名産地エペルネイに車を走らせた。

ベケットの別荘

夫人の作ってくれたフルコースの昼食も茶席も至れりつくせりであったが、何か物足りなさがあった。

私としては彼ができる限りこの地方の名所を見せてやろうという心ずくしに反して、このユシーでゆっくくしてあたりを眺めていたかったのである。

それ故、翌年の秋も独りでユシー行をニ回もすることになった。

このユシー行きの電車の便は、朝八時を逃せば、十二時となり帰りの便は五時、六時という通勤者用の時刻表なので、丸一日を使ってスケジュールを立てることは困難であった。

それに天候のよしあしもある。秋の雲行きはどこも怪しいが、フランスの秋はときにはげしく変るからである。

ともかく晴天の日の午后をと心に決めてのユシー行となった。快晴。暑いほどのユシー村でベケットが別荘を入手以前にバカンス中に借りていた一、二の家を探すことになった。その一つ——。

一九四八年以後、暑い夏のパリをさけてユシーのメゾン・バルビエに数年間住んでいた。そこは庭の隅をパリ—ストラスブール間の鉄道が走っていた。だから通過する列車の騒音で会話がさえぎられるほどである。二人が庭に出ると列車の窓から乗客が手を振る姿が見られた。こんなところで夫妻はよく仕事できるといぶかったという。だがベケットがマルヌ川に魅せられ、ユシー村が心のなかで、彼の創造的な土地となった。

それにシャンジュ街一番地の小学校の傍の住処と先年訪れた大農場の屋敷の一室などを巡るうちに道に迷って村の長老に行き方を聞いた。

私のおぼつかない足取りを見たのであろうか。後から自転車で追いかけてきて自らの手で住処を示してくれた。

パリの人もマルヌ川あたりまで来ると昔の親切さがもどっているといわれている通りである。

そこから一九五二年六月母の遺産によって購入したベケットの別荘までは近くはない。

村の中心にある十一世紀—十六世紀のサン・オーテイル教会から三キロ、小高い丘に向う道は平原の彼方である。

灰色のスレート屋根の簡素な家はベケットにとって静かで安らぎをもたらした。しばらくここで休息し体の回復を取戻したが、思いがけず土地騒動に巻き込まれてしまった。彼はそれ以来ユシーでは買物を止め、村のたばこ屋を兼ねたカフェ（かつてはホテルも兼ねていた）にも二度と入らなかった。

従って彼は、執筆とささやかな耕作を終えた夕方、ラ・フェルテまでの長い道のりを食料や酒を求めて徒歩か自転車かで往復する以外になかった。この面でも頑固一徹だった。

この丘の家はいつ来てもさわやかな風が吹き、晴れた日にはモオの町が遠景に浮ぶすばらしい景観だった。あたりの木陰でベケットの生涯をふりかえるのも愉しみであった。

ベケットは一九三八年一月七日未明、ポン引にからまれ、胸部を刺された。三十二歳になった彼の転機であった。多くの見舞客にまじって幾人かの女性が彼を追いかけることになった。一人はダブリンでつきあっていたアイルランド人、もう一人はアメリカの富豪の娘ペギー・グーゲンハイムであった。彼女はあり余る金で美術品を買い、ときにベケットはその相談役だった。ベケットは友人の個展の成功のために彼女に同行することも旅することもいとわなかった。ペギーが蒐集した美術品を展示するグーゲンハイム美術館がベネチアの運河沿いに残されて名所となっているほどである。

だがベケットがペギー好みでなかったことはたしかである。

その後、二十三年後に妻となるフランス人女性、三十七歳のシュザンヌ・デシュヴォ・デュムニールが、ベケットを見舞った。彼女は病後のベケットの健康を気づかい、リベリア・ホテルに移ってからも食事、コンサート、養生指針まで考慮し、やさしくふるまった。

ベケットより六歳年上のシュザンヌはボーイッシュで魅力的だった。地味好みであったが、どこかすっきりしていた。強く成熟したこの女性は左翼思想の持ち主だった。彼女は一九二〇年代、エコール・ノルマールでピアノを専攻した。それに絶対音感の持ち主だった。

彼女は人望があり、貧しい人や恵まれない人に対して思いやりがあった。

こんな感覚で、ベケットの原稿がなかなか売れなかった頃、シュザンヌが自ら出版社に精力的に売り歩いた様子が語りつがれている。

一九五〇年代になってベケットの生活も経済的に改善された頃、つぎのような逸話が残っている。夜中の二時頃、モンパルナスのロン・ポワンというバーで。ベケットのそばに立っていた浮浪者が彼に言った。

「本当に、じつにいい上着を着てますな。じつにいい上着を着てますなあ、じつにすてきな上着だ」と。ベケットはすっと上着を脱いでそれを彼にあげてしまった。ポケットの中身をたしかめもしないで。

シュザンヌもまたベケットに劣らず気前がよかった。困っている人に対する連帯感は、おたがいの絆であった。

第二次大戦下、ベケットはシュザンヌに数多く助けられた。

一九四〇年に戦争が始まって行場を失い、ヴィシーにいたジェームス・ジョイスに会い、師の紹介でヴァレリー・ラルボーに会いに行った。巨財で知られる作家ラルボーは体が麻痺していて口もきけなかった。だが夫人と話し合い二万フランを借りることができた。

その後もベケットとシュザンヌは、追いつめられ、どこに逃げればよいかもわからないこともあった。「シュザンヌの共産主義者の友人たち」によって、いろいろな場所にかくまってもらった。ベケットも反ナチスのレジスタンス運動に参加し、その地下組織「自由フランス」の中のベケットのグループ八〇名のうち、戦後まで生き残ったのは三〇名だった。

シュザンヌもゲシュタポに出くわしたが、彼女の機転と対応能力に救われた。ナチス・ドイツの占領下の危険を知った二人は南フランスへの逃亡に助力してくれる工作員と出会い、ヴォークリューズ地方のアプト郊外のルション村で終戦まで滞在することができた。パリから逃れて来た画家アンリ・ハイドンもいた。地元の農夫オードやボネリーとぶどう酒をくみ交わした。後者のボネリーの名前はフランス語版の『ゴドーを待ちながら』のヴラジーミルのセリフの中に登場する。

「わたしたちはぶどう摘みをしたじゃないか。ほら、ボネリーとかいう人の家で、ルションの」

一九四八年の秋、ベケットはドイツ・ロマン派絵画美術館にあるフリードリヒの「月を眺める男と女」という作品に着想をえて、気晴らしのつもりで『ゴドーを待ちながら』を書きはじめ翌年一月末に自筆稿を完了した。一九五三年になってモンパルナス地区のパビロン座で初演。以後再演を続け、スイス、イタリア、ドイツそれにアメリカと巡業し、ベケットに思いがけない名声と収入をもたらした。

舞台は田舎道。一本の木。夕暮れ。うらぶれた浮浪者ヴラジーミルとエスタルゴンの二人が、究極の夢を求めて救済者のゴドーを待っている。

一見すると他愛ない会話や行動を続けているようだが、暴君ボッツオとその奴隷ラッキーが通りかかって余興を起す。やがて少年が現れ、ゴドーは今日来ないと告げる。二人は「じゃあ、行こうか」「ああ行こう」と言いながらも動かない。

第二幕は第一幕では裸だった木が小さな緑のリボンを葉のようにつけて現れ微妙な変化を含みながら同様のしぐさが繰返される。「何も起こらない（無が起こる）」永遠の反復を暗示しながら幕となる。

一九五四年十月三日、ベケットはドイツの刑務所から手紙を受けとった。そこでは囚人がドイツ語に訳して上演し、「あなたのゴドーはわたしたちのゴドーでした」と書いて来た。囚人の一人は「最悪の条件のもとでも友愛がいかに大切かという教訓をえた」と書いていた。

ベケットはこの手紙に感銘をうけ文通を始めた。ところが数カ月後、寒いパリの劇場に仮釈放の夏着姿の囚人が姿を現してベケットを困らせもした。

その後、刑務所出身の役者たちはこの劇をもって巡回公演

サンテ刑務所前

を申出たとき、ベケットは彼らの上演権を確保したり、上演のために支払うお金や税金、諸経費の工面を心配して、彼らだけの劇作を一本書いただけでなく、それを彼らに版権まであげてしまおうとまで言った。

彼には投獄されている人たちへの生来の共感があったのだ。

『ゴドー』の着想とほぼ同じ頃、ベケットは、小説『初恋』を書いた。

この作品は放浪中の青年が、公園のベンチで知りあい、彼女の住む小屋に招かれ住みついてしまった。そこは彼女の個人的売春宿だった。

彼女はある日、「私の子を妊《はら》んでいる」と言った。それも四、五か月になると。その日から事態が悪化した。

《その家の居心地はそう悪くなかった。……わたしは出て行くのをためらっていた、もう木の葉が落ちていて、わたしは冬がこわかった。だが冬をこわがってはいけない。冬にもその善意はある。その雪は温かさをもたらし、騒々しさを消してくれる、それにその青ざめた日々はすぐに終わる。しかし、わたしはまだ、その当時、地面がそれしか持たぬ人びとにどれほど優しいか、そして、生きながらにして、どれほどの柩《ひつぎ》をそこに見いだせるかを知らなかった。わたしにふんぎりをつけさせたのは誕生だった。わたしはそれで目を覚ました。……呻《うめ》き声がなににも負けじとばかりに大きかったからだ。きっと彼女は初産だったのだろう。その声はわたしを通りまで追いかけてきた。わたしは家の扉の前に立ち止まって、耳をかたむけた。相変わらず聞こえていた。……わたしは自分がどこにいるのかよく知らなかった。かずかずの星と星座の中で、大熊座を捜したが見つからなかった。なければならないはずだったが。はじめてそれを教えてくれたのは父だった。父はほかの星座も教えてくれたが、ひとりで、父なしでは、大熊座以外はけっして見つけられなかった。わたしは、叫び声を相手に、ほぼ、歌と同じように遊びはじめた。進んだり、立ち止まったり、また進んだり、これが遊びと呼べるなら。歩いているかぎり、自分の足音のおかげで、叫びは聞えなかった。しかし立ち止まるやいなや、また聞こえた、たしかにそのたびに弱くなったが、しかし、叫びが弱いか強いかがどうだというのだ？　必要なのはやむことだ。何年もの間、わたしはそれが今にやむだろうと信じていた。今ではそうは思わない。たぶん、別の恋が必要だったのだろう。だが、思うようにならないもの、それが恋だ。》

（『初恋／メルシエとカミエ』安堂信也訳、白水社）

路上生活者、ゴドーの主人公たちの心の動きに通ずる微妙な響きを味わわせてくれるであろうか。『ゴドー』については神の不在、人間をとりまく状況の不条理、デカルト的な近代的理性への揶揄、孤独な魂の救済とその不可能性などから論じられて五十余年、二十世紀演劇の金字塔を築いた。

一九六九年ノーベル賞を受賞したが自らは授賞式の参加を拒んだ。

ベケット夫妻の生活は極めて質素でパリのうらびれたフォヴォリート街六番地のアパートに二〇年以上も住み続けた。一九六〇年代になってサン・ジャック大通り三八番地の七階の新築アパートに移り、二人は自由と独立をえた。ベケットの室の向こうはサンテ刑務所の独房と向き合っていた。今日、サンテ刑務所のあるアラゴ大通りを散策してみると、パリでは珍しいさわやかな空気が流れている。この大通りのベンチに座っていると、一人の男が「私はジャーナリストだ」といって話しかけて来た。「近くのカフェでゆっくり話そうじゃないか」としつようである。私はとっさに「ここでゴドーを待っている」のだといって追い返した。その二、三十分後この道を通りかかると旅行者風の一人の女性が同じ男に言いよられている。被害に合わなければと念じながらその場を立去る以外になかった。パリのこわい一面がそこここにある。

最晩年、シュザンヌとの生活があまりに粗食で深刻な栄養不良におち入っていたといわれるが、最後まで冗談を飛ばし、夕方に、ウイスキーの二、三杯飲み干す作家であった。

一九八九年七月十七日シュザンヌは亡くなりモンパルナス墓地での葬儀にベケットもやっと出席できた。「彼女なしには生きてこられなかった」と親しい友人に語りながらその五ヶ月後の十二月二十二日ベケットも永遠の眠りについた。

ベケットは、ユシー村で永眠することを望んでいたが、死の数カ月前にモンパルナス墓地にシュザンヌとともに埋葬されることを決めていた。

今日、モンパルナス墓地には、ボードレールやサント・ブーヴの古豪にまじって、サルトル、ボーヴォワールとともにベケット夫妻が永遠の眠りについている。

《なにもないでも女。年寄りでも年寄り。見えない膝をついて、かがんでいるなつかしい思い出古い墓石《はかいし》がかがむように。あの古い墓地で、名前は消えて生年没年も。だれのでもない墓に無言でかがむ。

同じにみなかがむ。同じ広大無辺。終りはこういうさま。最後のさま。どうにか空《むな》しさも減るまで。もっとひどい空しさ。無になろうとひたすらさいなまれる。無になることは決してない。

……》（ベケット「さいあくじょうどへほい」、近藤耕人訳、「ユリイカ」誌、一九八六年二月）

ベケット没後、哲学者ドゥルーズは死の三年前、優れたベケット論「消尽したもの」を書いた。

《ベケットが論理学にもたらした偉大な貢献は、消尽すること（網羅すること）は、ある種の生理的消尽なしにはありえない、ということを示したことだ。それはニーチェが、科学的理想は一種の生命的頽廃なしにはありえないことを示したのに少し似ている。

……

ときどきイメージを作りだすこと。……芸術、絵画、音楽にこれとは別の目的がありうるだろうか。たとえばイメージの内容はまったく乏しく、実に凡庸であってもよい。リキテンスタインの磁器製の彫刻は、丈が六〇センチメートル、幹が白く、緑色の玉をもつ木が立っていて、左右の、高さのちがうところに小さな雲と空の一角がある。なんという力だろう。これ以上何も必要としないのは、ブラム・ヴァン・ヴェルデもベートーヴェンも同じことだ。イメージとは、時機が到来したときの、視覚的あるいは音声的な、ちょっとしたリトルネロ（リフレイン）なのだ。「甘美な時…」。『ワット』では、三匹の蛙が、それぞれ独自のテンポで歌を交錯させる。クラック、クレック、クリック。ベケットのどの本にもイメージ＝リトルネロがゆきわたっている。『初恋』で、男は星空の一角が揺れるのを見ており、女は低い声で歌を口ずさむ。つまりイメージはその内容の崇高さによって定義されるのではなく、その形態、つまりその「内的緊張」によって、それが発揮する力によって定義されるのだ。こうしてイメージは空白を生み出し、あるいは穴をあけ、言語の拘束を解きほぐし、声のうるおいを乾かせ、みずからを記憶と理性から解放する。非論理的、記憶喪失的で、ほとんど失語症的なちっぽけなイメージが空虚な中に保たれ、開かれたものにおいて震えている。……》

（『消尽したもの』、宇野邦一訳、白水社）

この一文に応ずるかのようにベケットの最後の作品『何と言うか』の末尾はこう結ばれている。

「ちらと見る――
ちらっと見ると思う――
ちらと見ると思いたい――
とおくどこかむこうにかすかになにかを
ちらと見ると思いたいから――
なにを――
なんというか――
なんというか」

（一九八九年発表、フランス語、二カ国語文学者なのでのち著者の英語版も）
(Samuel Beckett, Poèmes, Les Édition de Minuit 1999)

パリの学生街の書店では、今日も、ドゥルーズの哲学書は人気を呼んでいる。フーコーの後をつぐといわれたドゥルーズの著書は平積みにされ、ベケットの『ゴドー』もうずたかく売場を飾っている姿を見ながら、日本の青年の間の文学・哲学離れを嘆いてから久しい。

そしてドゥルーズのパリ第八大学教授時代、火の出るような熱気で内外の学生が教室を囲んだ伝説なども懐しい。

フーコーの未完に終った「汚名に塗れた人々の生活」を引継ぐドゥルーズが、ベケットの作品の中に未来の遊放民《ノマド》である民衆の姿を見いだしたのではないだろうか。

それにしてもドゥルーズの死は衝撃的であった。

ドゥルーズはパリのどこに住み執筆していたのであろうか？　心あたりの関係者や知人に手紙を書いたが、はかばかしい返事はなかった。

そこで親しくしてもらっているパリの日本人会に問い合わせることになった。

返事はあっけない程早く来たが以下のようである。

Gilles Deleuze の件、調査しましたところ、以下のような事情が判明しました。

(1)　ドゥルーズ夫人が存命で、そのアパルトマンに今でも住んでいるため、公表しないとのことです。故人の書斎、書庫、蔵書を見せてくれとか、写真を撮らせてくれとか、記念品をくれとかの野次馬訪問を避けるため、としています。

(2)正当かつ真摯な理由がある場合は、知らせないでもないようです。その場合はメールで申込むことになっています。そのうえで未亡人の許可を取り付けて知らせる方法だそうです。
宛先人はM.Stephane LECLERCQ
メールアドレスはSilsmaria@village.……
となっています。
という事情ですので、ぜひにもということであれば、上記へメールを送信ください。
それでは、再会かなうことを念じております。
　二〇〇六年五月十一日　パリ　　　　　　　　　　　　　　岡本宏嗣

この手紙に沿って私の要望を相手方に伝える文面はいかにも困難だと思案しながら時間ばかり経過した。

その後またパリに遊び、旧友で国際的弁理士の内田謙二氏に会った折、そのことを話した。

「自分の知人で哲学者の自殺した家族はひょっとしたら知っているかもしれない」といった。

そしてその翌年二月二十八日付で次の手紙を送ってくれた。

《その後お元気ですか？　さて、Gilles Deleuze（1925 ~ 4NV 1995）に関してはAvenue Nielの65番地（角の、内側に丸くなった建物）だったそうです。そこの三階から飛び降りて自殺したそうです。家内が何となく覚えていたことと友人が自殺の日に、そこに救急車が集ったことを覚えていたせいです。奥様はFanny　子どもは二人（Julien とEmilie）がいるそうです。

内田謙二》

ジル・ドゥルーズの家

永年探し求めていたアドレスがわかったことがこんなに嬉しいものか、初体験だった。

それから、かつてそのあたりを探し廻った記憶をたぐり、地図をたよりに回想するとニェル通り六五番地ははっきり浮んでくるのであった。

あたりはお屋敷町、何代も続いたパリ市民ばかりが住む高級アパルトマンである。父親はエンジニアで、彼は二人兄弟の弟であった。兄は第二次大戦中レジスタンス運動で逮捕され、強制収容所に向かう列車の中で死去したと伝えられている。

凱旋門の方から行くとニェル通りの左側、静かで緑に輝く並木道を歩いていくと近くに気のきいたレストランがある。そこらでドゥルーズとベケットの交友をゆっくり回想したいのである。

二、精神の祖国
―ドルドーニュ河のほとり

サンジェルマン・デ・プレ教会の傍にひっそりした辻公園がある。ときに幼児連れでにぎわうこともあるが朝夕は静まりかえっている。

そんな中にベルナール・パリシー（一五一〇―一五九〇）の立像がある。向って右腕に皿をかかえ、仕事着姿で考えにふけっている。

はるか正面の建物の壁はセーヴル焼の陶板で飾られ、それを眺めている趣きである。

「何故にこんな場所に立っているのでしょうか?」

この辻公園の向かい側サンジェルマン通り一三七番地に住む国際的な画家木村忠太の夫人から問いかけられたことがあった。

私は即答できないままに、白い釉薬を作り出す苦心を続け、燃料が不足して自宅の家具や床板ま

ベルナール・パリシーの像

で窯に放り込んだという彼の伝説を思い起していた。

だが彼は単なる陶工ではなかった。今日流にいえば、農芸化学、地質学の開拓者であり、泥灰土《マルス》の研究、生石灰の探求者であった。

晩年のパリシーは有力な庇護者アンヌ・ド・モンモランシー将軍とカトリーヌ・ド・メジチの死によって後ろ盾を失い、この地に近いパリ六区のデ・マレ街（現在の第六区のRue Visconti）が終の住処となった。その後、投獄されバスティユで飢えとシラミに苦しんだ末、獄死した。


こんな由緒を思い返し、この陶芸の祖パリシーの故郷にいつかは訪れたい思いがつのり、遠路の旅となった。

常宿を出たのが早朝五時、パリ・モンパルナス駅発六時二五分ボルドー経由トゥルーズ行の急行列車に乗込んだ。

そしてアジャン着一〇時四一分、時刻表通りの到着であった。この列車は当駅一一時二六分発ペリギュ、リモージュ行の支線に接続するので、永年固定された不変のものであった。

だが私は、アジャンが彼の生地である説を確かめようとの下車であった。この町はガロンヌ河のほとりにあるぶどう酒積出し港として栄え、今日では近代工業の大都市となっている。

中世以来の古都の姿を留めないこの町中を、サン・カプレ教会、図書館、案内所のほとんどを探しあぐねた。夕暮になって入ったレストランのワインメニューで発見した「デュラス」産ワインで初めて落ち着いた。女流作家マルグリット・デュラスはこの地方出身であり、故郷の土地名をペンネームにしていたのを思い出したからである。

翌朝、といっても昼近いアジャンから北上する列車に乗ってモンサンブロン・リボオで下車。駅の改札口では笑顔のタクシー運転手の姿があった。出発前の日本から予約の手紙を出していたからである。僻地にあるパリシー博物館に問い合わせの手紙を出したところ、親切にも宿の案内とタクシーの申し込み先を教えてもらっていたのである。

駅から三三キロ、かなりの山路を登って宿舎ムーラン・ド・サンタビに着くのに手間はかからなかった。

さて、ここで遅い昼食をと算段していたが、この山の宿には朝食の準備しかなかった。若いマダムは思案のあげく次のように言ってくれた。

「ここから三キロ離れたラカペル・ビロン村の中心にあるレストランに車で送り迎えしてあげましょう」。

たしかにこの山の宿のあたりには一件の店屋もないことを、到着して初めて知ったのである。そのため食事のたびにヴァカンス客でにぎわうレストランでくつろいだ。そのレストランの名前がパリシーであった。

食事が終わって宿に電話すると、気さくな彼女が車で迎えに訪れた。

その帰路、丘の上にあるパリシー博物館の前で停車してくれた。昼休みも長いこの館はまだ鍵がかかっていた。

この館は中世からの遺物とは思われないが、かなりの歴史を刻んでいる。直接パリシーの生家ではないが、この土地の領主の館であった。その館が数年前からパリシー博物館として公開されたのである。

開館を待って中に入ると近代的に整備された博物館である。まず宗教戦争時代の歴史を語り、新教徒として彼が迫害された資料が置かれている。その前のウインドーには残り少い彼の遺品が飾られている。

彼の第一の著作『正しい処方箋』をもとに各章ごとに語りかける。

「堆肥やあらゆる植物のなかにある塩」から説き起し、塩がすべての物質、生体の基となっている。このようにしてガラスや陶器の製造に塩が不可欠であり、彼の徹底的な研究による中世の錬金術師からの脱却が示される。

第二章の庭園の見取り図の説明と第三章となると庭園設計に使った幾何学用具など——コンパスや定規のあつかいを描く。

第四章になると自らの居住地サントンジュ地方の新教徒の歴史が描かれる。第五章は「城塞都市」という表題で、迫害された新教徒たちを守る場所として防衛装置を考案している。

パリシー第二の書『森羅万象讃』は前著同様問答式であり、全篇一一章から成り、泉水、土壌、農耕、森林、鉱物、化学、塩基などが説かれ、第一章の「陶工術について」がパリシーの名を不朽にしたのである。

これらの解説の展示が二室を占め、他の展示室は現代の陶芸作家の作品の場になっている。さらにこの博物館から、二～三軒へだたって大きな陶芸展示会が設けられ、この両館をたった一人の老婦人が切りもりしている姿はおどろきである。

この陶芸博物館の正式名とアドレスはベルナール・パリシー博物館 Musée Bernard Palissy, Saint Avit 47510, LACAPELLE BIRON LOT-ET-GARONNE である。

この陶芸会はパリシーの実作品が乏しいにしても、年間七人の現代の陶芸家の力作を期間を定めて展示し続けている姿は見事である。

私が訪れた二〇〇三年八月二八日はナディア・パスキエ Nadia Pasquer のコマ型のオブジェであった。

この陶聖パリシーの生地サン・タビ Saint Avit の夕暮れの静けさを愉しみながらの散策は、暮れようとして暮れない奥行きの深さがただよっていた。

翌朝は、タクシーを頼んでいたのだが、宿のマダムがボルドーに行くので次の目的地モンパジェMONPAZIERまで同乗させてくれた。

この村は人口二〇〇〇人以下で、中世の要塞の原型をそのまま留めていることで有名である。四角型におさめられた村は「フランスのもっとも美しい村々」協会に認定された文化遺産である。

村の歴史は古く一二八四年イギリスのエドワード一世によって創設され、村一番の城館がホテル・エドワード一世と名付けられている。

昼間は要塞内の村には、遠足に集まるフランス人観光客でにぎわっているが、夜は人通りもまばらな村に一変する。ホテルの設備などは小さく、中世の生活をしのぶのにふさわしい。

ドンム Domme

モンパンジェからドンムまでの五〇キロは、タクシーの受付係も危ぶむかなりの山路なので正確な場所を聞き返すほどであった。

ここも十三世紀からの城塞の村であり、山頂にあるので、麓を流れるドルドーニュ河の景観を展望する土地である。

私にとっては十余年前、はじめてこの地を訪れ、椎名其二の思いを追体験したが、そのころとはかなり変化し、観光地化している。

かつて一九一六年椎名が、アメリカからフランスへ渡り、英文紙で職を求めたが果せず、イギリスの詩人エドワード・カーペンターに手紙を書いた。するとカーペンターから「そこを動くな、親友たちがたずねていく」という。その親友とはポール・ルクリュであり、彼の妻がドンムの邸宅で病を養っていた。以来、椎名はこの家の世話になり、「生涯忘れることのできないものを学ぶこと」となった。

今回もこの村を東西に横切るポール・ルクリュ通りの西端にあったルクリュ家を訪れたが、もうその旧家は存在しなかった。

皮肉にもその旧家を買取り処分したレスペランド城館ホテルの窓からドルドーニュ河の蛇行する清流の眺めと郷土料理の美酒に酔うこととなった。

ドンム．ドルドーニュ河は流れる

この山を下って四キロのラ・ロック・ガジャック La Roque-Gageac の切り立った岩壁に歴史的な教会があり、その下を流れるドルドーニュ河の美しさは想像を絶し、夜間はイリュミネされて有名な景勝地となっている。

サルラ Sarlat

そこから十五キロ、フォワグラの産地サルラは近い。ここも中世以来の山都であるが、風格に満ち、アンドレ・マルローは第二次大戦中この町の中心にかくれ家を求めた。作家マルローは文人ではあるが、ドゴール内閣の文化大臣も務め、美の探究の第一人者だった。その彼が選んだフランスの二〇の美しい町の一つにこの田舎町サルラの名があげられている。

彼の住んだ家に近い市庁広場にモンテニュの親友エチェンヌ・ド・ラ・ボエシ（一五三〇―一五六三）の生家がそそり立っている。モンテニュより三歳年上の彼との友情は「二人の心は渾然と溶け合い、縫目も分らぬほどである。もし人から、なぜ彼を愛したかと問われたら、『それは彼であり、私であったから』と答えるほか言いようがない」。

だがラ・ボエシとの交際も、彼の流行病のために失われた。

モンテニュの悲しみは深まった。

「これまでの一生は……この友との死別を除けば……こともなく暮して来たのであるが、本当にもしこの生涯の全部を――私はあえて全部という――あの人との甘美な交際を楽しむために与えられた四年間に比べるならば、はかない煙にすぎず、暗く退屈な夜にすぎない。彼を失ったその日から……ただ物憂く生きながらえているだけである」。

こうしたラ・ボエシへの思いを重ねて立ちつくすサルラの町は忘れがたい。

サルラからドルドーニュ河沿いの鉄道を下り、ロスタンの「シラノ・ド・ベルジュラック」の舞台となった華やかな町ベルジュラックをすぎるとサント・フォワ・ラ・グランドの町に入る。

そこは近代地理学の開祖エリゼ・ルクリュ（一八三〇―一九〇五）とその一家の故郷である。彼はドンムのポールの大叔父にあたり、稀な自由友愛の学者一族の住まいがあった。

町の中心を南北に貫く「ルクリュ兄弟街」には、十余年前には生家がそのままあったが、今では市民

ラ・ボエシの館

の集合住宅に建てかえられ、その壁にルクリュ家由緒の大理石板が掲げられている。ドルドーニュ河岸にあったプロテスタントのコレージュ、水の流れの果ては惑星にまで及ぶと夢想したエリゼは二万ページに及ぶ『世界地理大系』を書き残した。

図書館を訪れ、ルクリュへの関心を示すと、膨大な関係書リストを開き本腰で応対してくれる。観光地でないこんな素朴な街でゆっくりすごしたいものである。フランス人の長期にわたるバカンスはこんな小学芸町で過ごされるようである。

モンテニュの古城

サント・フォワ・ラ・グランドからほんの一駅先のラ・モント・モントラヴェル駅は無人駅でタクシーもない。

そこから三キロぶどう畑にかこまれた道を北上するとサン・ミシェル・ド・モンテニュ村である。古城の多くは戦乱や火災で焼失しているが、『エセー』が書かれた塔の書斎は参観者を待ちうけている。この書斎の天井の梁にはギリシア語、ラテン語で格言が刻まれている。

彼はこの古城に親しみ、「できれば他のどこよりもここで楽しみたい。どうか、ここが私の老後の住処であるように」と書いている。

係員に帰路のタクシーの予約を頼むと、「ノン」。この地帯には乗物（タクシー）は使われていないという。

重い足を引きずりながら、歩いているとパリから来た若者が、「乗って行かないか」と呼びかけてくれた。

モンテニュの館

モンテニュの書斎の天井

ボルドーには幾度も訪れたが、いつも乗換駅であったりして落着いた日程ではなかった。

それゆえに今回は旧市街の中心に宿をとった。あたりは古い家並が入り混じり、フランソワ・モーリヤック（一八八五―一九七〇）のパ・サン・ジョルジュ八六番街の生家も近かった。

大都市であるのに深い緑に包まれた、街角ではカテドルの塔頭が見えかくれするこのあたり、古書店のウインドーにはモンテニュのボルドー版などが堂々と飾られている。

父の方針によって幼少のころからドイツ人の家庭教師に学びラテン語に精通してから中学に入学した。モンテニュが通ったギュイエンヌ州中学は、フランスでも有数の優秀校であったが、「やはり学校だけのことでしかなかった」と『エセー』に書いている。

リュ・ド・マルシェにはその学校の由緒を刻んだ大理石板が見える。

『エセー』の初版本を出したミランジュ書店の跡も、ボルドー大学文学部に建立されているモンテニュ記念碑も、リュ・マビイの市立図書館のモンテニュ資料もおびただしく、数世紀を越えて彼の足跡を追体験させてくれる。

パリシーのサント

ボルドーから鉄道で北上すること一時間、パリシーの仕事場の拠点サントに着く。

夏期は駅前に私設の一時荷物預り場ができるほどのバカンス地であるが、この季節を逃せば閑散としている。

この地は、かつてサントンジュ州の首都であった。少年時代以来、数学の初歩、測量法、素描、モデリング、焼絵ガラス製法などを習い、身を立てて行った。

今日、駅前から北に向かうクール・ナショナル大通りの街並木を愛でながら行くとラ・シャラント河畔につく。その橋のたもとに古びたパリシー像が立っている。

大橋を渡り、河沿いの右岸を左に向うと、その街はずれにデ・ローシュ街がある。彼が貧しい家庭生活を続けた土地である。彼は焼絵ガラス師から土地測量師となり、一五三九年イタリア・フェラーラ産の陶器を見て以来、十数年にわたって独力で製作しようと努め、ついに自ら「田園風土器」と呼んだ傑作をつくり出した。

パリシーが新教徒となったのもその時代である。彼はサントの町の新教運動や教会堂建設にもつとめ、サントの町の新教運動の歴史も残している。

パリシーのサント

この町には、考古学博物館、行政官博物館、要塞博物館、デュプィーメストロ博物館といった史料館があり、メストロ館には宝石、陶磁器、コスチュムなどの名品が飾られている。デ・ローシュ街の片側はラ・シャラントの清流が通い、パリシーの豊かな自然を偲ばせる。ときにこの流れにモダンな遊覧船がすいーと通り抜けるときおもわず現代を思い起こさせる。夏の水辺の遊びにはすぐれた観光地に変るのである。

それにしてもこのギュイエンヌ地方はパリシーの生地ラカペル・ビロンに始まり、ほんの山地を一またぎするとベルジュラックの近くではモンテニュ、ルクリュ一家、サルラではエチエンヌ・ド・ボエシ、カオールではフランス近代詩の創始者クレマン・マロ（一四九六―一五四四）と『オード集』や『恋愛詩集』のオリヴィユ・ド・マニー（一五二〇―一五六七）、ブルデュでは自由奔放で気やすい表現に富んだ『回想録』のブラントーム（一五四〇―一六一四）、アジャンではネオ・ラテン文学のスカルジェル家 Jules Scaliger Joseph-Juste Scaliger（一五四〇―一六〇九）の人々を生み出している。この地方を「精神の祖国」と称したくなるほどだと言われている。

キャンペール焼（陶器）の町

作家堀江敏幸は芥川受賞作品『熊の敷石』で、放浪のユダヤ青年を友として「フランス語大辞典」のリトレの故郷を描き、すぐれた筆致を印象づけた。その彼が探しあぐねたジョルジュ・ペロスの一冊の本を求めたブルターニュの港町キャンペールの名は私の胸に刻まれている。

私はブルターニュ地方のキャンペールには三度も通った。

最初はイギリスのセント・アイヴスにいるバーナード・リーチを訪れるためにロスコフの港からプリモス行の船に乗る途中、この陶芸の町に立寄ったのである。

その次は、近年、ここに素晴らしい陶芸美術館ができ、パリからＴＧＶ（新幹線）を利用すると日帰りできるので出掛けたピストン旅行であった。

三度目はこの町を十分に親しもうと宿をとっての旅である。

駅前からローデ河沿いに公園通りに出るともうこの町の美しさに触れる。

河沿いの緑の並木、河口に急ぐ清流にすがすがしい風が吹きそよぐ。右手に行けば、サン・コランタン大聖堂、ピトレスクなカルチエ、ケレオン街など、辺り一帯はゆっくり語り

キャンペールのローデ河畔

合いたくなる静けさである。

マックス・ジャコブ橋を渡って中州に出て、アレ・ド・ロクマリアを西に向えば、キャンペール焼の本拠アンリオト H. B. Henriot につく。

その裏側のローデ河畔にキャンペール陶芸美術館がある。

ここには十八、十九世紀のキャンペール陶芸の名品が展示されている。ジャン・バプチスト・ブゥケ（一六五〇―一七〇八）、ピエール・ブゥケ（一六七三―一七四九）、シャルル・ブゥケ（一六九〇―一七二〇）……ギョーム・エルリイ（一七六三―一八二五）……ジャン・バプティスト・タンゲリ（一七九四―一八六九）……と続き二十世紀になってアンリオット工場製作に至る名陶芸品の数々に満ちている。

それに二十世紀になって盛んになったオデット炻器なども陳列されている。

それにしても、これほど近代化されたデザインの博物館が河口に近い美しい景観の中に設けられた見識に敬服する。

ふたたび街の中央に戻り、公園通りのカフェ・レペ（剣）に落つく。

ここは一九五〇年代までは有名な大ホテルであったが、時代の移り変わりのためか、ブラスリー（カフェレストラン）に変ってしまったことに驚く。

だがここは老舗、夕食にはいつも魚のスープを食べたが、ことの外美味であった。

ところで、ここ公園通りは詩人マックス・ジャコブの生地である。彼はブルターニュ・カフェの家で生れた。父は仕立職と骨董屋を兼ねていた。この地のリセでは才気あふれる生徒であったという。彼は、ブルターニュ地方のトレギエ生れのルナンが人魚の声だと思って聞いていたイス市（パリ市より美しいといわれた）の鐘を海の底から引上げた。彼はカトリックに改宗して、サン・ブノワの修道院にこもって、アクロポリスにおけるルナンよりも、もっとギリシア風のカトリック教徒になった。

第二次大戦中に、サン・ブノワ・シュル・ロワールの修道院から連行され、パリ郊外ドランシーのナチス・ドイツ軍によってつくられた収容所に送られ、ピカソらの助命運動もかなわず一九四四年ここで亡くなった。

立体派の代表詩人として今日に残る痛烈なアイロニーの詩を愛誦してみよう。

詩　Poème　　　マックス・ジャコブ（松本眞一郎 訳）

雹《ひょう》が海に降る。日が暮れる。《簡易灯台に点灯！》
老いた娼婦は宿屋で死んだ。家には笑いがあるばかり。

霽が降り、映写機は校舎にいる船乗り達のために回っている。先生はいい話をしている。今私は田舎にいる。二人の男がいて、簡易灯台が光を放つのを眺めている。

《とうとう来ましたね、と教師が言った。映写の間にノートをとりに行きますか？　生徒監のホモのカップルが机を譲ってくれますよ。

――ノート？　何のノートをとるのです？　映画の主題ですか？

――いえ！　映画《シネマ》のリズム、そして霽のリズムを要約するのです。そして又、煉獄というものを考えるために、老娼婦の臨終に立ち会った人達の笑いを要約するのです。》

（「骰子筒」、『フランス詩大系』、青土社）

パリから東へ向かう列車がトロワをすぎるころ、この地は、パリ日本人会を創り会長でもあった故小島亮一氏の夫人の故郷でもあり、ベケットの妻シュザンヌの母の所在地であったことなど思い浮かべながら進んでいった。

やがて、スイス国境の町バーゼルから三五キロ手前にある大都市ムルーズ（Mulhouse）はあまりなじみのない町である。南アルザス地方の工業都市であるが北のストラスブールのように知られてはいない。

ここからバスで北東に向うとグェブヴィレール Guebwiller に着く。この地はかつて僧院の所有地であったが、今日では高原の保養地として栄えている。この町には三つも教会がありリゾートホテルも多い。

私がここを訪れたのはフォリヴァル美術館のためである。この土地に生れたテオドール・デック（Théodore Deck 一八二三〜一八九一）は十九世紀の陶器の蒐集家として知られ、そのコレクションは名高い。「ブルー・デック」という花瓶はあまりにも著名である。

それに深い森に包まれたこの区域は、いかにも古い歴史にかこまれた由緒ある町の趣きがただよい、時を忘れるほどである。

夕暮れを惜しみながら、ムルーズの宿に引返したが、グェブヴィレールは私が住みたい町の一つであろうと思い返している。

ムルーズからそれほど遠くないアルザスのエコ・ミュゼに行こうとタクシーを頼んだ。

ここには十二世紀からの要塞化した家から五〇棟もの民俗農家が広大な敷地におさまっている。それに古代農耕のモデルから近代トラクターの変遷まで、実際に手にとって試みてみる作業場もある。日によってはデコイチ風の汽車も動き、子供たちを喜ばせている。

五〇以上もあるアルザス風の木組の家々、家畜とミルクの実習など、忘れられない戸外の博物館である。

往復という約束で待っていた運転手は、「なぜ私はエコ・ミュゼに行くのか」関心を深めたらしい。帰路は専らそれでもちきりであった。

世界的に問題となっている環境対策もこんなすみきったアルザス地方では頭に浮かばなかったようである。

話ははずんで日本の車のことになった。日本にはどうしてあんなに車の工場が多いのかに始まって、自分は「三菱の四輪駆動車パジェロを持っているが調子がいい」とご機嫌だった。

三、美術家の終の住処パリ

私の内面で、いくどか美術に向かおうとした時期がある。

そんなある時大学時代からの友人で、新日本文学会に勤めていた反町謙二に会った折、造型の秘密にふれたいので、「デッサンを習いたいのだが」と話すと、彼は一も二もなく「それは後藤さんに限る」と断言した。

彼はそのころ、雑誌の表紙や、カットの依頼にときどき後藤禎二画伯を訪れ、その人柄にすっかり心酔しきっていたからである。「ともかくその作品を見せてもらってごらん」と言う。彼の案内でそのアトリエを訪れた時には、川添登（後の建築評論家）と二人の入門であった。

「もう二、三ヶ月もじゃがいもを題材に画いているうちに、そのモデルの馬鈴薯から芽が出てし

ピカソ美術館

まった」と語る画伯の画架には、もうどこにも筆を加える余地がないほどに描き込まれたタブローを見た。これが初対面の言葉であった。

「ほう……じゃあ石膏デッサンから始めてみたらどうでしょう」と言いながら、その石膏像の入手方法などを指示して下さった。

翌週から、週二、三回ほどアトリエに通うことになった。私は最初は緊張ぎみであったが、一、二時間のうちにトルソーを描きあげてしまった。「さて拝見しましょうか」といってアトリエに入ってきた画伯は、「これは何もかもダメだ。全部消したまえ」と言うと、早描きの認識不足を諒々とさとした。部分と全体の関係、線と点、立体と立体との相互の関係などについてまるで弁証法の哲学を語るようにデッサンの基本について説いた。

「一本の線を引くのにもおろそかにはできない。その線と全体との関係を追及すれば……。」

あっさりとうわっつらをなでて描いたデッサンを、すっかり消して、初めからやり直しすると、認識が改まり、気分が一新されたようであった。

それからいくつめかのデッサンを描いている折に、狭いアトリエの隅に置かれた馬鈴薯のモデルにうっかりつきあたり、そのなかの一、二個が床にころげ落ちてしまったのである。突然の事故に画伯も驚き、もとの位置に馬鈴薯をもどしたのだが、どうしても以前と様子が狂ったのである。

おそらく画伯にしてみれば、激怒すべき事故だったのだが、その場は怒りもせずおさまったかのように思えた。

ところが、この馬鈴薯をモデルにした絵にはいつまでたっても筆をとろうとされず、そのまま未完の傑作として終わってしまった。そんなこともあって、私も川添君も、このアトエリエでの修業は予定よりも早く挫折してしまったが、私はなぜかここから離れがたく思った。

そこで、フランス滞在が長くフランス語が得意なこの画伯について、フローベールの『マダム・ボヴァリー』を読む集まりをもち、かなり長い期間、全巻を読み通すまで友人二、三人とともに教えを受けたのである。

ここでのパリの話は、夫人の料理の巧みさと相まって、いつも愉しくはずんだ。画伯のパリ留学は、昭和初年の日本の円貨が高く通用した時代であったためか、ベルリン留学の日本人までが現地の令嬢を伴ってパリに豪遊する習慣が少なくなかった。階上の客に泊まるその令嬢が、ある朝窓辺から糸をたらし、その先の紙片にいかがわしい恋文を結んで、このまじめな画伯を誘惑したとか。実はこの令嬢、ベルリンの単なる売春婦だったのである。

また、当時横行したパリ・ゴロの金の借り方の天才的な巧みさも、この画伯のおはこの話であった。

このパリ・ゴロは、目ぼしい男とにらめば、言葉巧みに近付き、まず、何でもないほど少額のお金を借り、しばらくして約束通りに返す。その後だんだん金額をあげて借金しても約束を果し、この信用をもとに最後にどんと借金してそのまま消えるといった方法を披露した。おそらく若き日の画伯が、この苦い体験をなめ、われわれ若者に教訓として語ってくれたのであろう。

この画伯の数々の体験のなかで、もっとも私の心を打ったのは、彼とジャン・バローとの友情である。

画伯は、フランスでは本当の友ができる例として彼の話を語った。彼との親しみが増して行ったある日、ジャンは自分が人妻との不倫な恋に落ちていることをこの画伯に告白した。画伯は、比類稀なまじめさから、ジャンをさとし、「そんなことにふけっているならば、私はもう君とつき合わない」とつきはなした。ところが、その後ジャンは、思いかえして画伯を追いかけ、君の言うことの正しさを認めるので再び友としてつきあってくれることを懇願したという。

今日のような友情の不毛の時代からみると、あまりにもできすぎた話と見すごされそうであるが、この画伯の真顔を信ずる私にとって、本当の話であったことは疑いない。

このジャンがその後どのようになったかは、直話《レシ》の証人のような興味深いものを秘めている。

画伯は、帰国後も彼と文通を続けたが、第二次大戦がこれをはばんだ。画伯には、ジャンの思想と人間性からいって、ジャンがレジスタンスの戦いに加わって消息不明になっていないかとの懸念があった。果してこの心配がそのまま的中していた。

戦後、ジャンの兄、音楽家アンリ・バローの、レジスタントとしてたおれた弟ジャンたちに捧げたオラトリオが有名になり、日本にもその名声が聞えて来たからである。その後数年を経て、私のフランス留学中、アンリ・バローの私宛の手紙によって、ジャンの娘が国立フランス放送協会で音楽の仕事を担当している旨の消息をえた。

＊

さてこの後藤画伯は、ルーヴル通いをするようになったころのことを次のように書いている。

《ルーヴル通いのはじめの一年間あまり、わたしは文字通り圧倒され尽して、なにも批判する力もなく、見るものごとにただ溜息をつくばかりであった。世界的な傑作の実物は、写真で見ていたそれとはおそろしくちがっている。そこの壁に間近に見る傑作の技術のすばらしさ、それは貧弱な才能の画学生などが、生涯の努力を傾けてみたところで到底達することのできそうもない技術である。お前のようなものが、よくも絵描きになろうなどとだいそれた考えを抱いたものだと、それらの絵からあざ笑われているような肩身のせまさをつくづく感じたものだった。しかしこのような驚天動地な感動もどうやら馴れはじめてくると、少しずつ気持ちも整理され、自分の貧弱さの度合いもだんだんはっきりと見きわめがついてきて、やがてはややおちつきをとりもどして、桁ちがいに高い技術の作品に対して自分なりの判断力がともかくも幾分かずつめざめてくるのであった。

日本の常識では、絵を展覧するときには、絵と絵との間隔をなるべくとって、大きな壁に一段並べにしていかにも勿体《もったい》らしく、しかし一応見る者に親切に陳列している。あの広い部屋の高い大きな壁いっぱいに、二段三段と、しかも額縁が互に接するほどによせて世界的な至宝をぎっしり陳列しているルーヴル美術館では、二度や三度かなり時間をかけて見物したところで、結局ただ全体的な響にうたれてしまって、ひとつひとつの絵にはっきり区別された感情をもつことはできるものではない。しかし十数度も回を重ねて見て回っているあいだには、びっしりとつまっている絵の星雲のうちから、ひとつひとつ光っている星のすがたがだんだんにはっきり区別されてくる。額縁を接した隣の絵が邪魔になるどころかかえってこのことのために、見ようとする絵の理解はいっそう深まりはっきりしさえするのである。

さて幾たびもルーヴル美術館に通いつめた挙句のある日、ロココ派の画廊のきらびやかな大作の間から、小さな絵がすみきった声でわたしによびかけているではないか。ほかのロココ派の絵とはまったく反対な、地味で着実な声ではないか、派手な大作のあいだにはさまれて、あまりにもつつましいその小さな作品は、それまでいつもわたしの眼からこぼれていたのであった。それはまったくありきたりな庶民の間でつかいなれた道具や果物などをならべたちいさな静物画であった。シャルダンの作品である。わたしは、私の故郷を見出したようにその前に立ち尽し、離れがたく思った。シャルダンが、歴史上のそして世界のあらゆる画かきたちのうちで、ことさらに忘れがたいものとなりはじめたのは、実にそのときからであった。シャルダンを知るようになるまでにも、わたしは

このように長い時間が必要であったのである。》

（後藤禎二『シャルダン』、青木文庫）

この画伯は、この書でシャルダンの「青春」や「静物小品が果した役割」や「絵画史上における地位」などを論じている。そのなかで次のように書いている。

《謙遜なシャルダンはこういっていたといわれる。

――絵の世界はひとつの島だ。わたしはその岸辺にそってまわっているのだ（フランシス・ジュルダンによる）

島に上陸することはできないが、その岸辺にそってそのまわりをまわっている。ジュルダンはシャルダンの謙遜な心がこの言葉をいわせたのだと書いているが、この言葉は謙遜のせいでなくて実際に彼の仕事について述べているものではないかと見られるのである。真の探究者は真実を今日明日にでも手に入れようというような短気な考えで働いているのでなく、シャルダンの言葉のように真実の島の岸辺によって根気よくまわり、少しずつ真実の姿を具体的につかんでいこうとしているのであろう。シャルダンはこの言葉で、現実性（レアリテ）をもとめて物体のまわりにたえずぴったりそって彼の仕事をつづけてきたことを説明するものだとわたしには考えられるのである。》（同書）

シャルダンについて語るのがこの書の目的ではないので、この程度で留めるが、この書のあとがきはこの画伯のすぐれた心境を示しているので味読したいと思う。

《ひとつの絵の描きはじめの生き生きとしたいきおいにくらべて、三、四時間と苦労したあげくにはいつもすっかりしょげ切ってしまう。いよいよその絵から筆をひくときは、心残りでわたしの気持はひどく淋しい。対象が目には訴えていると感じられるのに、それをつまびらかに表現する術が、もうその時のわたしの技術のどこにも残っていないことに気づかされるのである。新規にやりなおしてみるより仕方がない。わたしはひとつの絵を、ただその時々の人生行路の道標に残して来ただけであった。そして今後もまた同じ淋しさをずっと味あわねばならないのだと思っている。

わたしのこの短い文章も、私の絵と同じにひとつの道標である。書くときのいきおいにくらべて、書き終えてから読み直すと、物足りない寂しさがひしとせまる。》（同書）

＊

この後藤画伯の「馬鈴薯」、「はたんきょう」、「鰊のくんせい」、「新巻鮭」などの静物画は、身近な物への再発見であり、そのものの質感が見事に描写されている。そして日本のシャルダンともいわれる所以《ゆえん》が確かにある。だがシャルダンの物真似では断じてない。これらの作品に結集した思想にふれながら聞く画伯の言葉は、はかりしれない重みがあり、静かに迫るものがあった。

後年、画伯の死後、私は、井上究一郎氏の「プルーストとシャルダン」を読むに及んでいまさらながら生前このことについて話すことができなかった無念さを感じている。以下はその論文の一説である。

《……一九一七年八月にウォーター・ベリーに送った手紙のなかで、プルーストはシャルダンの絵が彼の人生にどんな影響を与えたかをつぎのように語っている。

「シャルダンは日常生活のなかであらゆる静物をじっくり味わうたのしみを私に与えてくれました。〔……〕シャルダンの絵を見るまでは、両親のもとで暮らしていて、食事が終わったあとかたづけられていないテーブルとか、とりのけられたテーブル・クロスの一端とか、牡蠣《かき》のあき殻にのっかっているナイフとか、そういったもののもつ美に気がついたことは決してありませんでした。」

この手紙を読んですぐに連想されるのは、『失われた時を求めて』の第二篇「花咲く乙女のかげに」で、画家エルスチールに啓発された話者「私」が、「静物」に対する見方を一変し、それをあるがままに、単純に眺め、愛して、たのしもうとするくだりである。話者をそのような境地にみちびくにいたった状況は、若いプルーストの情熱をシャルダンに結びつけた状況とおそらく無関係ではなかっただろう。

「いまは食事のテーブルがかたづけられるあいだも、私はゆっくり居残っていて、小さな一団の乙女たちが通りかかりそうな時刻でもなければ、もう海ばかりをながめているというわけではなかった。私は手近なさまざまのものを眺めたのであり、エルスチールの水彩画のなかにそれらを見てからは、それらを現実のなかにふたたび発見しようとつとめた。まだはすかいにおかれているナイフの類のその中断されたままの身ぶり、太陽の光線が黄色いびろうどの一片をさしこんでいる使ったあとのナプキンのふっくらしたまるみ、朝顔型に口の開いた高貴なカットをいっそうひき立たせて見せる、飲み残されたグラス、日差しの凝固にも似た透明なそのクリスタルの底の、くすんだ、しかし光りにきらめいている酒の残り、量の移動、光線の照明による液体の変質、すでになかばたべあらされた果物盛りのなかの、みどりから青へ、青から金色へと移るプラムの色彩の変化、食道楽の祭典が催される祭壇のようなテーブルの上の、しきつめられたテーブル・クロスのまわりに、日に二度ずつやってきては場所を占める老いぼれ椅子の行脚僧、そしてそのテーブルの上の、牡蠣の殻の底に残っている水、石の小さな聖水盤のなかに見られるような光った数滴の水、――そうしたものを、何か詩的なもののように、私は愛してたのしむ。そんなところに美があろうとは想像もしなかった場所に、もっともありふれた事物のなかに、「静物」の奥深い生命のなかに、私は美を見出そうと試みるのであった。」

この個所だけではない。ほかのところにも、単にこの長編小説のはじめの部分だけにとどまらず、最後に近い深い構造のあちらこちらにも、プルーストが「シャルダンの有益な教訓」(第六編「逃げさる女」）と呼んでいる個所をマークすることは、さして困難でない。「それにしても、一体プルーストは、いつ、どのようにして、シャルダンの教訓を――日常生活のなかにもっとも卑俗なもののなかにも、見方によっては美が存在する、という教訓を――見出したのであろうか？　この点に関するかぎり、現在まで、どのようなプルースト研究家も完全に沈黙を守っている。」》

（井上究一郎『忘れられたページ』筑摩書房）

後藤画伯が、このプルーストの文章を読んでおられたかどうかは明らかでないが、シャルダンへの理解においては、このプルーストの感覚に近いものが感じられるのである。後藤画伯がいだいた身近な静物への愛着と、それをモデルとした絵画へのひたむきな傾倒は、もっともフランスの伝統的な庶民への感覚にも通ずるものであろう。

かつて後藤画伯が、隠れた農民工芸家のなかにドアはもとより、その取っ手にまで彫刻をほどこす態度を評して、その日常生活のものへの愛の表現が取っ手まで刻ませたのであると語ったことを思い出すのである。そして生活はけっして派手である必要はなく、質素な生活こそが、身近なところに美を発見することにもなるのだとよく語っていた。

こう語ってくると、プルーストと後藤画伯のシャルダンにおける美の視点が妙に重なりあうことに肯《うなづ》けるであろう。

＊

一九七一年に開かれた後藤禎二回顧展によせて美術評論家河北倫明氏は次のように書いている。

《……いつであったか、何かの機会に、りっぱな静物画の一点を贈ってくださったことがあって、今も私はだいじにしているが、その遺作の誠実な描きぶりを見ていると、後藤さんがいかに純潔な正しい姿勢で絵画というものにぶつかっていたか、それへの清々しい事情が文句なく私どもに伝わってくる。

後藤さんと私は、たまに絵について話し合うことがあったが、私たちの一致した考えはモダンアートが出てきて以後の絵画が、いわゆるデザインというものに近づきすぎて、絵画としての本領を失ってきているということであった。

後藤さんの絵画に対する考えは、その著書などに明瞭に出ているが、その基本は「絵画の真価は、対象に関する正当な認識を深めることのなかにある」といったものであった。ところでこの対象に関する正当な認識というのが容易でないので、これはただ対象を写真のように写しとればよいというのではない。写真機による写し取り方は実をいうと、もっとも実のない認識なので、今日のデザインやデザイン的絵画がしきりに写真を利用した表現をこころみているのは、実はたいして認識を深めるのに役立っていないというべきだろう。

そのわけは、写真をつかった表現の場合は、対象認識のいちばんたいせつな段階を、主体性の乏しい機械にまかせてしまっているからで、後藤さんにとっては、その辺がモダニズムの勝手な趣味的思考的表現と同じく、歯ごたえがなく、又つまらなかったのである。後藤さんにとって大切なことは、対象を深く認識したいと思えば、ただ見るだけでなく、身をもってなんらかの働きかけを行い、その行動の上でいっそう具体的に対象について経験しながら、これをとらえようと努めなければならなかった。絵画とは感情の表現などというものでなく、真実性の具体的な主体的な把握であり、そのためには画家は心身をつくして経験し、反省し、その上に仕事を深めていくべきであった。このような行き方を、後藤さんは画家の本道とし、自分を笞うちながら孜々として努められたのである。

以上、話がやや理屈っぽくなったが、そうしたことは後藤さんの遺作が示す誠実無類の作風を見ていれば、自然に納得できることであろう。後藤さんは、絵の仕事にとって器用さや要領のよさなどをむしろ有害であると考えていた。ヴェラスケスやレンブラントやシャルダンなどは、決して器用でもなく要領よくもなく、その点はピカソなどとは大ちがいだといっていた。私は後藤さんのような作画態度をもう一度まともに評価し直す時がかならず来ると信じて疑わない……。》

だが後藤禎二画伯の名前を知る人は多くはない。没後、満足な画集や遺稿集が出版されなかったためもある。それはこの章の冒頭に書いた反町謙二が、出版人として、また彼の作品の最大のコレクターとして後藤禎二画集の出版を引受けながら、まったく私的で公開をはばむような私画集（自己のコレクションの御物集）を発行するにとどまったからである。

彼は後藤画伯の絵画に傾倒し、それがこうじて自らの仕事をすて、彼の画論をまとめようと苦闘するあまり、自ら絵筆をとろうとしたのである。彼はある保険会社社主であり、梅原龍三郎の主要作品のコレクターであった父をもち、そうした環境下での、余りに遅すぎた晩年の画業がすべてをはばんだのである。

ところで、これまで述べたリアリズムは、もう追及の余地がないとは言えないが、他方で近代絵画のさまざまな変貌を経て現代の抽象絵画の存在がもう十分な市民権をもっている。そしてときに、抽象絵画がリアリズム絵画以上に美意識をつき動かしている。

リアリズムの作品が、目に見える現実の模写の追及であったのに対し、抽象画は、対象を克服して作家の喜びや悲しみの直接の表現や、彼の心のひだの直接の表現がそこに描かれる。対象から離れて、形式の純粋なリズムと色彩の純粋なメロディを表現したカンディンスキーからモンドリアンまでの絵画が、現代人に新しい造形上の秩序を示している。

私がパリで知り、若くして亡くなった画家金山康喜は、こうした美術史の背景の下で、さまざまな技法の試みをなし、語れば美術評論家も傾聴する理論家であったが、文章として絵画論を残さなかった。他方彼は経済学学徒としてフランソワ・ペルー『資本主義』（クセジュ文庫）の訳者でもあった。だが彼の絵は、サロン・ドートンヌ展出品作品がパリ近代美術館に買い上げられたり、ベルナール・ビュフェ、カルズーらとともに七人展がパリで開かれるほどであった。彼の作品は「かいこが糸をはいて繭《マユ》を結ぼうとしているような」（今泉篤男）と批評される繊細な神経の行きとどいた構図をもち、見る者はそのすみきった色彩に思わず引きこまれるのである。

彼自身に、現代絵画を語らせたら、具象派、抽象派の区別の愚かさを語りながら、色彩表現の秘密と妙味ある技法を披露してくれるだろう。

ある日、私が彼に「サロン・ド・メイ展を見たが、どうも画面が一段とひっこんで壁のなかに入り込んでいる感じの作品だと思って、近づき、その署名を見ると、どれも日本人の名前があるんじゃないか……といった印象をもったのだが」と語り、「日本人の表現は西欧人の強烈な表現意欲に比べて欠けているのか、あるいは枯淡の味のような日本画の伝統が知らず知らずのうちにしみ込んでいるのかもしれない……」と問いかけると、彼はすかさずこの現象を認めながら、いかに強烈に色彩や色面を表現するか、そのためには下地のキャンパスや絵の具の研究こそ必要であると、例の得意になったときにしゃべる関西弁でまくしたてた。

「要するに研究不足なんや。下地にエナメルを使おうが、特殊キャンパスを使おうが、その画家の個性なんや。その上に色彩のせめぎあいをかもし出す音楽があるのとちがいまっか?……」。

このように語りはじめたが最後、もう彼の独壇場だった。

ところで、ヨーロッパの抽象絵画の一つの極点とみられるポリアコフの作品は、なぜか日本人に親しまれている。それは彼の抽象絵画は、その世界を二分したアンフォルメルでも幾何学的抽象のいずれでもなく、底深く大地に根ざした訴えが画面から感じられるからであろう。それにロシアのイコンやビザンチンのモザイクに通ずる伝統を思い起こさせるものを感じさせる。そこにはカンジンスキーやモンドリアンでは満たされない抽象絵画の新天地が拓けているといえるのである。だがこの作家も一九六九年に急逝してしまった。

「魂の印象派」キムラ

そのころ、もっとも生き生きと現代絵画に取り組んでいる画家の一人に木村忠太がいた。彼の主張は次の通りである。

《世界の美術はアブストラクトまで来て混迷している。東洋に対する不勉強の現れである。フォルムの自由、アウトラインを超える所に東洋の哲学が横たわっているのである。それを乗り越えた所に、個と全の一体がある。レアリズムとアブストラクトの綜合がそこにある。それこそがアブストラクトの次の時代である。世界美術の混迷を切り開くものは、東洋の哲学である。私の絵は東洋の伝統と西洋の伝統の総合である。》（個展目録）

彼は一九五三年以来パリに定住してから一度も日本へ帰らず制作に専心し、パリのギャラリ・クリージェルでの個展を続け、八〇年のパリの現代美術国際フェアでの展示作品が傑作群だと伝えられている。

彼の作品は、老荘思想《タオイズム》の懐疑哲学者ジャン・グルニエ（晩年にはパリ大学で美学を講じた）が禅の美術として評価し交友を深めたことで注目された。

彼の作風は具象・抽象のどちらの意識からも独立し、自然から摂取したイメージを、新しいフォルムと色彩でのびのびと描きあげている。

専門家は次のように分析する。

《画面の中心または脱中心的な一つの面に任意の最初の色彩を置くと、あとは、デッサンをしていたときに、ふと躯を通りすぎていった風や出会った思わぬ風景など、身体《からだ》性にとどめたその折々の光や空気の感触が豊醇多彩な色彩に変幻してゆくのであろう。稀に構造化（空間化）された記憶力である。無論その場合、作家はわれわれの網膜にうつる物理的な可視光として色を処理するのではない。作家自らの直覚と感性に照応したヴァルール（色価）の法則が深甚精妙な諧調の色面を彩織り、光＝精神空間を構築してゆくのだろう。

科学的精神と繊細の精神が、ブラッシュ・ワークとペインティング・ナイフで薄い被膜を幾重にもつみかさねながら紡ぎ織る色面は、画布《キャンパス》に時間が封印されたかのように、堅牢な表面構造《マチュール》をなしている。マチスの画面構築の力学やポリアコフの「直観的な経験」に基づく色彩弁証法に触発された成果のヴァルールと思われるが、重層し交差する、透明な生気にみちたフォルムとフォルムとの関係が醸成する〈光〉は、レンブラントや印象派の物理的な光ではなく、ボナールの光であり、フェルメールの作品に固有な精神的なひかりに近いものといえよう。》

（菅原猛評論集『現代美術への招待』新評論）

またジャン＝ドミニック・レイは「キムラ、過去から未来への光」と題し次の評価をしている。

《それは歴史の流れが加速していることの一つの結果なのだろうか？　一世紀ないしは、それ以

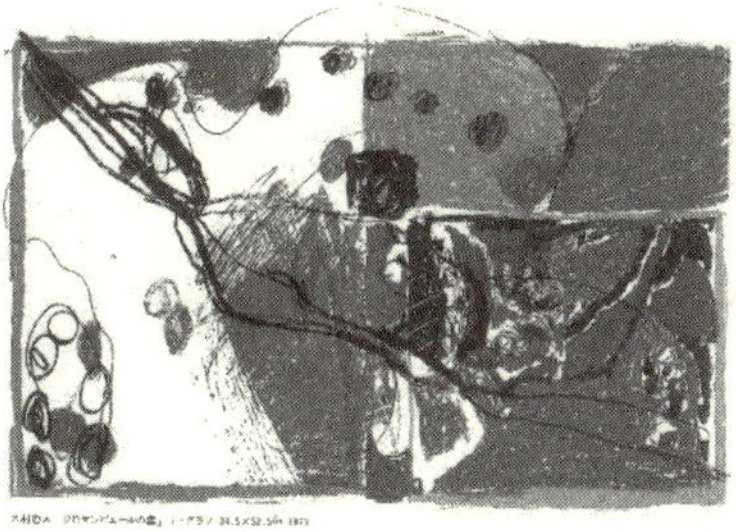

キムラのリトグラフ「クロサンピエールの庭」

上前から、種々の芸術運動がその勃興と衰退のリズムを次第に速めつつあるのを我々は見てきた。それらの運動は、己の潜在的な力のすべてを汲み尽くす時間を持たぬままに、遠ざかっていってしまう。それ故、或る一つの断絶の後に、一人若くは一群の画家が、様式《スティル》が置き去られたかつての場所に再び戻ってそこから未だインスピレーションを得ることのできるもの全てを引き出し、それを実現する時、必然的に起る回帰というものは、実際そうした断絶の後に出現する論理的発展に他ならぬのである。

自然主義の直中《ただなか》に生まれ、自然主義の幾分硬直した規範を混乱させることとなる印象主義は、より広汎な大衆の間に容認され始めるや、今度は自分がフォービズム（野獣主義）、キュビズム（立体主義）更にそれに続く、かくも相容れない種々の絵画運動に取って代わられる事になる。実際今日の視点から見れば、これら全ての潮流とその趨勢は、振り子運動、相反し合い補完し合う弁証法的モニュメントの観を呈するが、その外見上の矛盾については、芸術というものを一つの連綿たる戦場の運動として捉えるのでなく、実《まこと》しやかな進歩の懸念を排して、一連の周期運動として捉える場合にのみ、それを理解することが可能であろう。

しかしながら、これら個々の周期《サイクル》の内部にはより注意深く眺めれば、何がなんでも革新的であろうとせず、或る継続に熱心であり先人によって既に企てられたものの継承に力を注ぐ者達がいることが解る。彼らは往々にして欄外の位置をあたえられるが、実際のところ、一歩退いて見なければ見えて来ない一つの総体のなかの緊張の役割を果たしている。かようにしてボナールは、五〇年代の終わりに、印象主義の数々の試みのうち幾つかを、或る種の抽象を通して延長する可能性を、モネの仕事のなかに再び見出した何人かの画家たちにとって、その探求を印象主義へと結び合わせる絆とも言える存在である。

キムラの形成に於けるピエール・ボナールの仕事の重要性については良く知られている。

一九五三年に彼は日本からやって来るが、それは何より、ボナールの作品を培った風土に己の身を浸し、その反映を垣間見たに過ぎなかった源泉を汲もうがためであった。

その結果キムラは、日本の版画が印象主義の画家たちにとり大変魅力的だった為に起っていた一つの変化を受け止め、自らその動揺を作品の中に具体化してゆかざを得ない。その変化というのは、例えば印象主義作家が主題の焦点をぼかしたり、対象をクローズアップした画面構成を行うといった、日本の版画から学んだ幾つかの手法を、自分たちの作品中に取り込んでいることだった……しかし印象主義の大いなる技巧とは、一旦物象をそれらの諸効果に還元してしまい、そこからそれらに、本質のみが取り得る新たな外観を与えることであったのではなかったか。その意味で、またこのような方向において、キムラは今日、印象主義の単なる継承者としてでなく、印象主義の遺産を発展させ得る最も有望な画家と看做されることが可能である。

彼にとっては、他人のやった事をそのまま真似ることはいかなる意味も持たない。早くも一九六七年に、彼の最初の理解者ジャン・グルニエが我々に告げている。「印象主義の色調の分割や、歌うような調子からは、大分遠くにいる。歌と言えば、キムラは実際色彩によって一種の金切声を立てる。そしてそこに至るために、彼はきっぱりと、表象より色彩を優先させる。この意味で彼はマッス……それらは何よりも巨大な正方形ないしは、幅広い光の矩形である——においては抽象派であると言うことができる。又、木や車、人物或いは家々等を象《かたど》る抽象に関しては彼は具象派であるといえよう。決して閉ざされることのない線、それらを通して人は向う側で起っていることを透かし見る。

色調の分割に関しては、キムラは、異る色彩の同等のマッスを強度に誇張されたやり方で並置することによって置き換える。つまり隣り合う黄色と大きな緑色の色面、対置される赤と青、それらは溶け合う前に、互いの輪郭を切り取り合い、反発する。

キムラ、内面主義の対極に自らを位置付け彼はその絵を見る者を、宇宙的なと形容することが可能な一種の閃光の中に浸らせる。

彼によって印象主義は、もはや細線やコンマや筆触であることを止め、ナイフで削られた塗られた巨大な色面へとその規範を拡大する。そこでは、自然はその十全なる力と荒々しさを発揮するのである。

もし日本の浮世絵の版画家が、彼らの生きた時代に、〝移ろいの生〟を留めようと欲したとすれば、キムラ、彼は移ろう光の画家である。しかしこの光線とは、形体を侵し、形体がその光を我々に反射し返すような物理的光線であるのみならず、むしろ、とり分け画家が自分の見る物の上に投射し、それによって外観を変形させる内面の光である。そこに恐らく滅多に人前で話さぬこの画家が語った言葉の一つの評価すべき意義を見出すのである。

「印象派は半分終わっただけである。

大きな半分が残されている。

それは魂の印象派である。」》

私が木村忠太の作品を知ったのは、もう四十数年も前のことであるが、ある画廊のウインドーを飾った大作が私の心をとらえてはなさなかった。

それと同時に木村の作品に高い評価を下したフランスの哲学者ジャン・グルニエの著書が、同様に私の関心と一致すると知って驚きながらこの両者の作品を読みかつ鑑賞する歳月が続いた。

ジャン・グルニエについては、大学のテキストとして数年間も読み込み、木村の作品についてはその感想を私のエッセーの中に書き込んだ。

そんなことがきっかけになって、木村忠太個展が開かれる折に、木村氏の要望で画廊から原稿を依頼された。「木村忠太の作品」という文章を書いたが、「画もよくわからないが、あなたの文章はもっと難解だ」と言う友人もあった。

しかし木村忠太氏は私の文章をとても気に入って下さったようである。

その年の夏、南仏の木村氏のアトリエに行って、はじめて本人と会った。

その折、私の愚問にこたえるようにして、熱心に種々語って下さった。

今はその中の一つだけにふれると、「近代絵画について、作品の下図に残された鉛筆やコンテのあとは、その作家の思索の跡として、極めて重要です。ですからそれもまた作品の一部として残す場合があるのです……」。

自分のパステル・デッサンはパンダのパステルを使い、製造される油絵具の種類も次第になくなる傾向があるので、その種の絵具は材料屋にすすめられるままにストック買いをしていることなど……。

さらにアトリエを入手した経過を話されるのだった。

南仏の他の土地にいたある日、ソ連の世界的ピアニスト、スヴャトラフ・リヒテルがアンチーブの野外演奏会を開くというので出掛けた折、出会った夫人がこのリヒテルの昔ながらの友人であった。そのとき夫人は「私の所にアトリエがあるが、よろしかったら使いませんか」といわれたのが、このアトリエに住むきっかけであったと。

もっともこのことの以前にカンヌの奥の山地に「おまえのアトリエがある」という告示があったことを夢のように語られる彼であった。

私は、この木村氏のアトリエのあるラ・ロケットに向うバスの運転手にその停留所で降ろしてくれるよう頼んで乗った。ところが運転手は乗客と大声でしゃべり合っている間に行きすぎてしまった。私が念のため聞きただしたときにははるかに先の方まで乗り越していた。

運転手は、それではといわんばかりに「時刻表」をたしかめ向うから引返してくるバスに依頼のメモを書いてくれた上、バス料金まで返してくれた。

私は、その料金は彼が提示した引返し車に渡すものと思っていたが、その彼も料金は受取らなかった。つまりただでこのアトリエまで来てしまったのである。

木村画伯はそれを神秘な、導きと思ったのか、その話を喜んでくれた。そればかりか知人にもその話をことあるごとに聞かせて楽しまれたという。

私は帰りがけに、そのバスの終点グラスの話をすると、何がひらめいたのか、「私がそこまで車で案内して、それから引返しカンヌまで送りましょう」とおっしゃった。

私は遠路でもあるので遠慮したが、頑として受けつけず、夫人と三人で香水の町グラスへの思いがけないドライブとなった。

　その折、その町の古道具屋で見つけられた古いガラスの壺を入手されたときの嬉しそうな童顔を私は忘れない。これこそ芸術家の顔である。

　木村忠太は藤田嗣治のアトリエを受けつぎ制作につとめたが一九八七年、パリで亡くなった。

　パリのモンパルナス墓地には、幾多の無名の画家たちが葬られているが、その中に素晴らしい花崗岩でつくられた木村忠太の墓がある。そこにはいつもすがすがしい花が飾られている。

フジタの終の住処

　戦後ようやくフランスへの留学の道が開かれた一九五〇年頃からしばらくは、パリの街も戦時色が残り、黒ずんだ街並みに淋しげに点灯するあかりも沈んでいた。

　そんなころ日本からの画学生も少く、多くは日本人会館に住んでいた。その会館の屋根裏部屋に戦前日本に引揚げる折に残していった荷物が、無事であったという関口俊吾画伯の話をいくども聞いた。

　当時異色だった東京大学出身の画家、田淵安一、岡本半三、金山康喜が三人もそろい、それに論客の野見山暁治、堀内規次、戸田吉三郎も加わって話題は豊富であった。

そのなかで長老の荻須高徳、藤田嗣治らが再びパリに帰って来たといっても、ほとんどニュースにならなかった。

だが当時は日本人の数も少なかったので、誰彼となく気楽に顔を合わせることは珍しくはなかった。美術団体、流派の別なく、新制作の行木正義の活発な行動やさそいによって佐藤敬とも会食をともにした。グラン・ショミエル美術研究所の向側にあったホテル・リベリアは佐伯祐三の友人山田新一のたまりであったし、カルチエ・ラタンのローモンドホテルは二紀会の鳥居正隆の城であった。

戦前戦後にわたってパリにアトリエをもち、画家友達の世話をした光風会の土橋醇。同様に戦前戦後にパリに住んだ浜口陽三（一九〇九―二〇〇〇）にはモンマルトルの風景を独特の銅版画に刻んだ「パリの屋根」（一九五六年）がある。この作品は淡い光を放つ屋根の重なる夜明け前のパリを表現し、さまざまな詩情が湧く。デザイン画で活躍した菅井汲は、ルネ・アルコス（詩人でロマン・ロランの『ベートーヴェン研究』を出した出版社サブリエの社主）の家を買いとってアトリエをつくり、バカンスにはアドリア海岸ですごした。

戦後の藤田嗣治は、かつてのエコール・ド・パリ時代の栄光の影はなかった。

そんななかで、藤田は一九五五年二月二十八日、フランス国籍を取得し、五月には日本国籍を抜き、日本芸術院会員を辞退した。一九五七年にはレジオン・ド・ヌール勲章のオフィシェ（四等）を受け、フランス永住計画は着々と進んでいった。

フランス国籍取得から四年半後の一九五九年秋、藤田夫妻はカトリックに改宗した。

そのフジタが、生涯最後の仕事としてランスの平和の礼拝堂の壁画制作を選んだ。

カンパーニュ・ブリュミエール街二七番地に住む世界的なデザイナー里見宗次氏は、隣人づきあいのフジタを次のように評している。

《藤田嗣治は日本人を馬鹿にしすぎた。フランスの教会におさめた遺骨を未亡人が持ち去ったのは実に残念なことだ。そのランスの教会の壁画は、あらかじめ描いたものをそこに掲げるようにすすめたが、「それでは作品が盗られる」といって、直接壁に描く手法をとった。しかし筆は使えないので、藤田の得意の筆さばきはできず、木の棒のようなもので描いた。それが失敗の原因ではなかったか？》

（蜷川譲「優しいパリ」、創樹社）

フジタといっしょにパリ周辺のロマネスク様式の教会によく見学に出かけたという田淵安一氏は、フジタの改宗を審美的な観点から解釈している。モントワール教会の壁画、シャルトルから南西に下ったヴァンドーム教会の壁画など、フジタは十二世紀のプリミティフの壁画がとりわけ好きだったという。

《カトリックに改宗されたというのは、僕の考えでは、カトリックの儀式の美的なところにとても惹かれた、というところがあると思う。公教要理は一応講義を受けられた。宗教的にどこまで会得されたか、そこまで僕にはわからない。教義的な深い理解があったというより、非常に感覚的に惹かれたんではないだろうか。宗教美術から入られた。美的なものと宗教的なものが一致することはありますね。宗教美術を通して、自ら、カトリックに入っていく、ということはよくわかります。》

（湯原かの子『藤田嗣治』新潮社）

フジタのメゾン・アトリエ

フジタの最良の理解者田淵安一氏が、フジタの気に入ったパリ郊外の田淵の住処から二キロしか離れていないヴィリエ・ル・バークルに終の住処を見つけたのは一九六〇年の秋であった。それは十八世紀に建てられた農家であり、そこを改修して翌年に入居したのである。

フジタはここに住むようになってからも毎日パリのアトリエに仕事に通った。かつてフェリナン・レジュの運転手だった男が専属だった。

ヴィリエ・ル・バークルのメゾン・アトリエ・フジタが一般公開されるのにはかなりの年月がかかった。

フジタの死後夫人は三〜四年間、この家を守ったが、パリや東京滞在も長く、村役場に譲渡を申出たが断られた。代ってエッソン県が引き受けることになり一九九一年に贈与された。

それから美術館にするのには十年を要したが、文化遺産を守るねばり強い活動であった。

二〇〇六年日本での藤田嗣治回顧展は戦争画と通俗画の展示ではあったが、大盛況であった。それに伴いフランスのフジタ美術館の便りが広まり、私はその夏メゾン・アトリエ・フジタを訪問したのである。

パリに滞在したある日、南に向うメトロB2線の終点に近いジフ・シュル・イヴット駅で下車し、そこでタクシーをひろおうとしたが果さず、沿線のもう少し大きい常設タクシー乗り場のある駅までもどろうかとも思ったが、方針を変えた。それは村の中心に出てレストランで昼食をとり、そこからタクシーを呼んでもらおうと考えついたからである。食後、このレストランのマダムに話をすると、自家用車で送ってくれた。

あたりは森に包まれ牧歌的な村。二時の開館までゆっくり散策することができた。

ヴィリエ・ル・バークル村はシュヴルールの森のなかにある。フジタが住んだ六〇年代には農業と牧畜を営む寒村で、建物も少なかった。あたりいったいを城主が所有し、教区の司祭が支配していた中世の村といったところであった。そんな村では日曜のミサは義務であり、フジタもそれに従っていた。

フジタが住んでいたころの人口は五〇〇人足らずであったが、現在の人口は一、二〇〇人となっている。だが静寂の中の村であることには変わりなく、こんなところに特色ある美術館を創設したフランスの文化政策には頭がさがる。

まず受付で手続をしようとすると、入場無料で案内の女性がつきそってくれる。最初はビデオでフジタと美術館の全ぼうが撮し出される。

次いで白樺林の美しい庭を通ってフジタの仕事場兼住居に入る。

木製彫刻のドアを開き中に入ると、通りから見ると二階建の家だが、斜面に建てられているので実際は三階建である。

その一階、庭に面した台所と食堂。そこにはモダンなキッチンセットや電化製品のなかに日本の電気炊飯器などが見える。壁はフジタがデルフトやメキシコから持ち帰ったタイルが張られている。

食堂のテーブル、椅子、食器棚は十八世紀スペインの木製家具であり、テーブルの中央には独特の紅色の風景が描かれたジアンの大器がのっている。それに日常使われていた食器のなかにかわいい人形が描かれたキャンペールの小皿など、彼の趣味であった骨董市で蒐集した品々が飾られている。サロンに向うと、テーブルの上に浮世絵のコレクション、江戸の版本、仏教典などが置かれている。サロンの隣が寝室であり、ベットには画家のコレクションの人形たちが寝ている。サロンの壁にはコクトーのデッサン（一九五二）と寝室にはマリー・ローランサンのエッチングやフジタのデッサン（「二人の女友達」）などがかかっている。

アトリエの最大の見せ場は、礼拝堂の下絵（一九六四—六六制作）である。

だがこれらは、監視役を兼務している案内女性の先導で照明をつけたり解説テープの音声を聞いたりするしくみなので、ゆっくり細部を鑑賞するさまたげとなったのは残念である。

パリでは数多くの画家に出会ったが、忘れられない面影が浮ぶ。

いつも身近なパリ生活をユーモラスに語る彫刻家の柳原義達、優しい眼でパリをとらえる「原爆の図」の丸木（赤松）俊、フランス各地の教会の壁画修復の高橋久雄、パリからスペインの小村に移って、老人や酔っ払いを描いた鴨居玲、ローマの古代からの大地を力強く描いた久野和洋、白を基調にして傑作を生んだ福本章、パリ郊外ブローニュで二十数年も描き続ける海老原喜之助門下の森山裕之らは、お会いしたのはほんのひと時であったがいつまでも心に残っている。

阪田京一は一九七一年渡仏以来二十八年パリ郊外にアトリエを構えてフランス各地を新しい世界に創りあげた。「朝の山（ブルゴーニュ）」、「川岸の木」などの秀作にまじって「マルヌ川風景」など私の眼に焼きついている。

その彼が、数年前帰国して、新たに日本の風景へ挑戦している。その彼の声を聞いてみよう。

《雨上りの丹沢連峰に淡い雲と霧が裾野まで立ちこもっている。カラスが二羽、山に帰っていく。近くの禅寺の鐘音が静かに聞えてきた。

私は、しばしパレットに筆を置き、これらの景色の上に滞仏中に見続けて来たパリの屋根、マロニエの樹々、赤テントのカフェなどを重ねてみた。東西の二つの異なる風景は、私の心の内で、すーっと溶けて一つになった。坂道を仔犬を連れた老人が上ってくる。遠くの四つ辻で主婦たちが語り合っている。近くには野辺の草花が咲いている。

これと同じ光景をどこかで見たことを想い出した。それは南仏プロヴァンスか、パリの辻公園か、それともセーヌ河岸だったのかも知れない。

定かではない。でも自分の視点が変わっていないことだけ確かめられた。先程の溶けることはどういうことだろうか。それはごく普遍的な自然観なのかも知れない。いずれにしても、これからもそのことを考え、模索しながら描き続けたいと思った。》

（日動画廊「絵」四四一号）

二十八年も住み続けた阪田京一のアトリエが「終の住処」になりえなかったのは惜しまれる。昨夏、このあたりを散策し、近くにある『肉体の悪魔』の作家ラディゲの終の住処を懐しくたしかめたのであった。

画家にとってパリは「終の住処」になりにくくなったのは、昨今のことではない。フジタはいくどもフランスとアメリカの美術界を渡りあるいて、最後は国籍まで変えてパリで終えた。

フジタより若い猪熊弦一郎は東京の美術学校を中退して渡仏し、マチスに師事し、モダニズム絵画の代表にまでなった。しかし戦後の日本の画壇に見切りをつけ、アメリカに渡り抽象絵画に転じた。その後二十四年のアメリカ滞在も満たされず帰国した。だが猪熊には、新しい美への試みも多く、上野駅の大壁画（「自由」）はその一つである。とくに詩人谷川俊太郎の文章に筆をとった絵本『いのくまさん』は広く親しまれている。

そんなあわただしい美術界で、批評家から具象か抽象かと問われると、「具象です」と言い切る野見山暁治がいる。パリのアトリエの窓から十数年間も雲を見続けたためであろうか。彼は今も空を描き続けている。彼の稀に見るデッサン力で空を描ききってくれるだろうか。

かつてボードレールがオンフルールで北海の流れる雲を見つめて詩作の原動力としたように。

四、椎名其二と森有正　――ユニークな自由人

パリの地下鉄マビヨン駅から街に出ると左手の傍にマビヨン街がある。

ここには公営の学生食堂があり、巨大な市場《マルシェ》があり、近年は建てかえられて有名なブティック、ファッション店も入居し軒を連ねている。

そのマルシェの向側の通りは道路側に一階分だけ落こんだ庭があり、今はレストラン「プチ・クール」が営業している。

その隣りはレストラン「オー・シャルパンチエ」があり、イタリアレストラン、洋菓子店など食品店が連なっている。

漆の木の下の椎名其二の家
（レストラン、オ・シャルパンチエの地下）

レストラン「オー・シャルパンチエ」のあるマビョン街一〇番地の地下室は、かつて椎名其二の住処であった。

私が椎名其二さん(神父と教師は偽善者だという持論のためか、先生と呼ばれることを好まなかった）を知ったのは一九五五年初夏のパリであった。それまで私は、椎名其二と言う名前は、ファーブルの『昆虫記』の訳者として大杉栄とともにおぼろげに記憶していたにすぎなかった。

椎名さんとの出会いは、私が留学地を北欧からパリに移り一～二ヶ月たったころ、かつての椎名さんの教え子佐波甫（大沢武雄）先生と話した折、「ロマン・ロランを勉強しにいらっしゃったなら、椎名さんに合わなければいけませんね」という言葉に始まる。「ロランとジャン・ジョレスとをそば近く見ようとアメリカからフランスに渡って来たこと」を誇らしく語る椎名さんにあったのは、それから幾日もかからなかった。

カルチエ・ラタンに近く、かつてサルトル、ボーヴォワールが仕事すると噂されたサン・ジェルマン・デプレのカフェの続きとも言えるマビロンの盛り場から、サン・シュルピスの教会に向って百メートルも入り込まないあたりに、二～三世紀は経たと思われる古めかしい建物が並んでいる。その右側に道路から一階分だけ落ちくぼんだ内庭（今日ではレストラン「プチ・クール」のテラスになっている）があり、鉄の手すりのついた石段を降りて行った庭の奥が椎名さんの家であった。

家というより、老朽化した倉庫に粗末な木戸がつけられたといった、一見してみすぼらしい仮り住まいであった。椎名さんはその住まいを「熊《ラ　グロト》 洞《デ　クール》」と自称していた。

だが内に入ると、一転して眼を見張らせるものがあった。初対面から、この眼の澄んだ気品のある人間には、私がそれまで一度も出会ったことのない親しみと厳しさが併存していた。

「おとなしそうなかっこうをして……君のような人がロマン・ロランに関心をもつなんて……」

と椎名さんは一しきり皮肉な顔をしたあとで、立派に年をとった温顔にもどった。

「ゆっくりカフェでも飲んで、君から天下国家のことでも聞こうじゃないか」といって自らコーヒーの支度のために製本の仕事の手を休めた。

後になってわかったことだが、こんな具合に相手をからかう時は、上機嫌の時であった。

「ほうデンマークからやって来た。あの国が小国であるのがいい、小国に甘んじていることがいい……」と私がわずか半年で見切りをつけて去った国を賞賛されるのに戸惑った。これも後でわかったのだが、デンマークが椎名さんの唯一信奉するアナキズムの祖プルードンの、「地域主義」にかなった国と思われていたからである。

その日以来、この地下室に足繁く通うことになった。そして戦前戦後の四方山話を、夜の更けるのも知らずうかがうことになった。

話の中でも早大時代の同僚吉江喬松や、画家佐伯祐三、故郷秋田の角館のことになると、椎名さんの気炎はいっそう高揚するのであった。

ちょうどそのころ、私が住んでいた大学都市の日本館で、ひとつの小事件が起った。日本館の委員をしていた野見山暁治とともに、部屋の割り当ての公正を要求して館長とかけあっている時に、突然館長の友人と称する酒気をおびた日本の哲学者が、奥の間から乗り出し、私たちに乱暴にいどみかかって来たのである。

その時のわれわれのとった冷静な態度を野見山が椎名さんに話したところ、彼はまっ赤になって怒り、「それこそ相手を打ちのめす唯一のチャンスだったではないか？　どうもこのごろの若い人は利口でいかん。……暴力の否定だって……」と言ったという。その情熱はとても老先生のものとは思われなかったと聞くに及んで、さっそく私も椎名宅にかけつけたのであった。

さすがにそのころは、もう平静にもどっておられたが、「君、そんな日本館なんかにいたら、パリなんか少しもわからんよ、すぐに街なかに引越して来たまえ」とさとされた。

私がルクサンブール公園に近い下宿に移るのには、手間はかからなかった。

それから間もなく、めずらしく椎名さんが私を訪ねて来られたことがあった。まだ早朝であった。脚の不自由な彼にとって、杖を頼りにルクサンブール公園の彼方から脚を引きずりながらの来訪であった。

彼は私に会うなり、「まず君に足になってもらわなくてはならないのだ。……二〜三日前から後輩のA君（早大歴史科出身の留学生で椎名宅によく遊びに来ていた）が行方不明になっている。こんなときには身元不明の死体安置所までしらべなければならない」と、いつもはゆっくりした口調であるのに、この時ばかりは何かにせかされているといった調子で立てつづけに話した。

幸いにA君は何事もなかったのだが、この時の先生の後輩へのまごころが私の心を強く打った。

語る椎名さん

この「熊洞」にはフランス人の青年もよく訪れた。椎名さん自身が、この当時を回想した次の文章がある。

《ある日、四、五人の仏青年が訪ねて来た。コレージュ・スタニスラスの学生だった。「熊洞」の中に「東洋の哲人」が住んでいるということを先生から聞いたので、どんな動物か見に来たのであった。昔、政教分離になった時、このカトリック学校の教授の一部はそれを不服に思って、三々五々、組をなし、故国を去って、外国の教化に出かけた。その一つの組が日本までやって来て、フランス流の学校をつくった。それがアテネ・フランセーの由来であるということである。だから昔のアテネ・フランセーは教師がみなフランス人で、精神的にも実際的にも、日本人教師を交えた今日のそれよりもはるかに優秀であったということである。来訪の学生はこれらのことをあらまし知っていた。会話はおのずから日本美術などにはじまって、思想問題や社会問題などに及んだ。いずれも言うことは新聞雑誌からの受け売りではなかった。すでに驚くべきほど個性をつかんでいた。三週間後、一定の日をきめて話しに来ることになったのは、ピエール・カニョとアンリ・パブレットという二人だけだった。当時ピエールはコレージュ・スタニスラスの上級生で、今後土木専門学校へ進もうとしており、アンリはパリ大学医科の上級生でこの方面から社会事業を志していた。彼らは勉強乃至研究、社会においてなおそうとしていることなどに関し、すでに狭い自我を超えて社会我の領域ではっきりした、非常に高貴な、そして実際に即した考えを持っていることに、私はしばしば驚嘆させられた。そして彼らもまた、どういう場合においても躾のよさを崩さないことに、いつもながら、私はひどく感心させられた。

ピエールはある日私の顔をまともに見て言った――「私どもの学校に奉仕のグループが出来ています。それは必要に面しているすべての人に役立とうと言う同志のグループです。最近共和国広場の近くで病気で孤独な老人のアパートをすっかり塗りかえました。この近くでは、大勢の一家が貧困に迫られ、病気の子供もいるということで、若干の食糧や医薬の供給、アパートの掃除、寝具の修繕さえもやりました。その他ちょいちょいした手伝いは無数にありますが、すべての場合において一切の費用は私どもが持つのです。資金は学校でも幾らか補助してくれますが大部分は寄付によります。だから当の人たちは費用の点で少しも心配はありません……。こうした説明をいうのは実は前置きなんです。こうお宅の壁や天井や窓を見ますと、みんな黒い埃の垢に覆われ、ペンキがはげ、壁には穴さえあいています。それを少しは手入れをし、掃除をすれば、あなた方はこの湿っぽい場所でも、幾らかさっぱりされるのではないでしょうか。あなたも大嫌いないわゆる慈善事業ではありません。私どもも慈善ということには賛成できないのです。私どもはすべてを頒つ、共にする——ことを努めたいのです。根本は相互扶助の観念。もしあなたが承認なさるならば、私どもは明日からでも着手しましょう。」

私はピエールの真率さにほだされて、ただちに快諾したのであった。翌日半ダースの学生が或いは漆喰《しっくい》やペンキ、或いは箒《ほうき》やバケツをひっさげて来た。みんな菜っぱ服に着かえて一週間の間、時には授業の都合で新顔が交替したりして、本物の職人のように鼻歌を歌いながら、一生懸命、念を入れて働いた。お昼には汚れた手を洗おうともせずに、どこへでもでかけて、新聞紙に包んだサンドイッチをだして食べていた。

そうして全く見違えるほどきれいに出来上がり、ちゃんと後片づけもすんだ日の夕方、私の妻は久しぶりにテーブルへテーブル掛けをかけて、冷たい鶏の丸焼きや、チーズ、果物、葡萄酒などを並べ、一同賑やかに乾杯し合った。実際奉仕もことによりけりであるが、私はこれらの燃える青年の非の打つべき何ものも見いだすことができなかった。あべこべに、私は青年のもつ貴重なサンシビリテと感激とに打たれ、しばしば嬉しい悦びの涙をおさえることはできなかった。

＊

私どもの住んでいた熊洞へおりて行くには、歩道からかけられた鉄のささやかな橋を渡り、それから十ばかりの擦《す》りへった、これも中庭の割栗石同様、昔ながらの石の階段を降りなければならないのであった。歩道に近い橋のたもとの中庭から一本の漆《うるし》の木が通りすがりの人が見上げるほど高く、春、大きな美しい緑の葉を飾る…。

或る日、さっぱりした身なりの、顔もはっきりした、ソルボンヌで心理学の研究をしているという女学生が、突然私どものところへやって来た。

「向いの（学生）食堂へ毎日昼の食事をしにくるので、ここの橋に蔽いかぶさっている漆の木が目についている。実はマダガスカルから送ってきた大きな蝶の卵が孵《かえ》ったのですが、その幼虫はこの漆の木の葉しか食べないのです。郊外ではそれのあるところを知っていますが、遠くて毎日取りに行くわけにはいきませんので、ここのを十日ばかりの間、毎日四、五枚いただけないものかと思ってあがりました。私は昆虫の変態に興味をもって、数年来部屋の中でいろいろな蝶の幼虫を飼育していています。そしていよいよ蝶になった時の羽の綺麗なこと！……」と言うのであった。

私はコンシェルジュ（門番）へそう言って、この漆の木の葉をやることにした。それを取りにくる度ごとにイヴォンヌは私どもといっしょにコーヒーを飲み、デザートをわかった。そしていつも賑やかに教養ある雑談をし、話のはずんだ時には、パリの空のような彼女の薄青の眼が美しく輝くのであった。

そうしているうちに、私の妻は入院しなければならなくなった。が、その留守の間に私自身入院しようとしていた。この三週間ばかりの間、イヴォンヌは何もかも快く私の役に立ってくれた。妻を幾度か病院に訪ねてもくれた。時には私のテーブルにかけて、十八世紀のボロボロになった『ベールの辞典』などをじっと長い間、読みふけっているのであった。若い彼女にもやはり神も仏もなかったらしいので、何となく気も心も気持ちよく解放されていた。彼女が学生食堂へ来るには、サン・シュルピース寺院前のマロニエで囲まれた広場を通るのであった。或る日のこと、イヴォンヌが昼食の帰りに立ち寄った時、彼女はいつもよりも晴れやかな顔をしていた。──

「先刻サン・シュルピース広場を通りしなに、私はマロニエの下のベンチにかけている婦人の肩に青虫の這っているのを見た。マロニエにつく虫は有害ではないから、私はこわがる婦人を鎮めながら、虫を指でつまみ取った。が、包む紙がなかったので、それをハンカチに包み、サックに入れたまま食堂へ行った。そして、皿を持ってサービスをしてもらおうとしていると、虫がサックから這い出そうとしていた。で、私はそれを押し込もうとして抑さえた。と、その途端に、見ず知らずの一青年が私へ言葉をかけた。

『僕はあなたをよく知っている。よくあなたのことを思う……あの窓ぎわに席があいている。いっしょに食事をしようじゃないか。それから散歩に行くか、カフェに行くかしようじゃないか』ですって！　こんなうるさい青年がずいぶんいるのよ。わたしはええ、ええと言いながら親しく握手するような振りをして、ちょうど虫を握っていた右手をそのまま差し出した。かれは喜んでそれをにぎろうとした。だが彼は握らせられたものが青虫だったのをみてびっくりし、うんともすんとも言わず、飛ぶように逃げていきました。うるさい男を追い払うにはこれに限る……」こんな話をしてイヴォンヌはからからと笑った。

それから突然彼女はしばらく顔をみせなかった。漆の葉はもう必要なくなっていたが、体を悪くして一人ぼっちでいる私のために、毎日ほとんど正確に寄ってくれていたイヴォンヌのこの不思議な無音は、私を寂しい気持ちにし、私の気にもかかっていた。彼女がしばしば住所を変えることを知っていた私は今度遠方に引っ越したのかとも思い、またあんなに晴れ晴れしい顔をしておりながら、何か暗い秘密を持っていたのかと怪しみもした。

二週間ほど経った小雨降る日の朝、彼女はひょっこり戸口に現れた。いつものようにコーヒーをこしらえてくれもせず、真っ青な顔をして、元気なく戸口に立ったまま——

「タクシーを橋のところに待たしているのよ。私はすぐお暇します」

「どうしたの？　病気かね」

「え、私これから入院するの。あなたもお大事にね。いずれお便りするわ。ではさよなら」

そして彼女は私へ手をふりながら、橋を小走りに渡って漆の茂った葉陰に見えなくなった。と、タクシーの走り出す音がした。

それから二年半になる。便りひとつこない。何病でどこの病院へ入ったのだろうか。あまりにも慌《あわただ》しいお別れのこの数分間において、私は彼女へそれを尋ねる気もおこらなかったのだ。


（「中央公論」誌、昭和三五年一～三月号）


私がこのピエールらと知り合ったのは椎名さんの家であった。交通事故で折れた歯の治療をしてもらった歯科医学校の実習室で、いつもにっこりと会釈してくれたのはピエールと一緒に熊洞で会った女子学生であった。

ある寒い冬の日、椎名さんの室のストーヴがどうしてもよく燃えないので困っていた。そこで私は画家の野見山暁治さんをさそって、椎名さんの家の煙突でも掃除しようと訪れた。

二人は家にはいるまえに、天高くいくつもつき出た煙突のどれが彼の室のストーヴにつながっているのだろうかと眺めまわした。ユトリロのパリの風景などにみられる灰色の空に、赤くつき出た煙突はいかにも風情があるが、これからそこまで登ってしかもうまくたしかめて掃除できるかどうかと思うと身がひきしまった。

椎名さんは、早速私たちの仕事着姿をみて、「君たちには無理だよ」と言ってどうしても煙突に登ることを許してくれなかった。われわれは失望とも安堵ともつかない気持で、「それでも寒い室で椎名さんは閉口だろうな」と言いながら引きあげた。

その翌日、再び彼の室を訪れるとストーヴの火は赤々と燃えていた。ボン・ジュールを言う前に

「先生どうしました」

と言って、赤い火を見つめると

「今朝、ピエール一行が来てくれてね。この建物の一軒一軒の人にその家の煙突の所在をたしかめ、ついにここに通ずる煙突口を捜しあて、そこを空から一突きするとものすごいすすの塊が落ちて来て成功したのだ」と眼を輝かせた。

「先生、日仏戦争はフランスの勝利に終わりましたね」

と私が言うと彼は腹を抱えて笑った。

「君、君のような若い人が来てくれると若返るんだよ」

＊

椎名さんは戦後ずっとこの熊洞で友人の製本をしながら、細々と生きて来られたが、その後先生も夫人も体が悪くなり、この地下室もたたまなければならない事情に迫られていた。だがそんななかでも困窮した状態のみに支配される人ではなかった。

そんなある日、一緒に近所の所用につきあい、一軒の古書店のウインドゥに眼をとめた。そしてつかつかと店に入ったかと思うと、アンドレ・ブルトンの初版本を手にし、しばらくその感触を味わったのち、大金をはたいてそれを買われた。私は初版本屋のウインドゥに飾られた本は、眼の玉がとび出るほど高価であり、われわれ留学生などがとても買えるようなものではないことを知っていたので、先生もこの逆境下でまさか買ってしまわれるとは思わなかったのである。そこでそのころはもう気ままな発言ができる間柄だったので、「先生、どうしてあんな高価な初版本をお買いになるのですか?」と尋ねると「君、君は本を買うのに値段を考えて買うのかね。困った人だ……」と苦笑された。

それでいて、それから幾日も経たない日の街路では「もう自分をもて余しているよ、ちょっとこの道路から足をさし出すから、車がひいて行ったら、君、証人になってくれたまえ」とユーモアをまじえて語られるのであった。

さすがに、この熊洞をたたんで、夫人は息子のいるベルギーに近い町に、彼は病気治療のためオテル・ディユ(病院)へと去る日には、言いしれない感傷がつきまとった。最後まで残された蔵書はアランは森有正氏に、美術関係は野見山暁治氏に、プルードンや、ロランは私に……といった具合にすっかり先生自身が決められたとおりにことが運ぶ以外は許さなかった。

「こんな事情だから、お金になる本などは売って今後の資金になさっては……」などと進言しても、断固として取りあわなかった。

それればかりか、かなりの量の書籍、雑誌なども廃品として市の清掃車にまかせるという主張を変えなかった。

「デバラッセ débarrasser（やっかい払いをする）」という音声が幾度も声高に響くなかで、唖然とする私たちにマダム・シイナは「トゥジュール　コムサ Toujours comme sa!（いつもこうなんですよ）」といって肩をすくめてみせた。

＊

私は椎名さんの入院に付き添って以来、このノートルダム寺院まえのオテル・ディユに毎日のように見舞った。彼は「どうもこの齢《とし》になっても活字とはさよならできなくてね」と独言のようにつぶやきながら、毎日幾種類もの新聞を読み、とくに読書欄などには注意をはらって私に問題をなげかけるのだった。こうした折に発見したのがラクロワの『出世をしない秘訣』である。（この本はその後、彼が一時日本に帰国した折に翻訳出版し、成功をおさめた。）

それから彼はパリ郊外のサナトリウムや、眼の検査のためにサルピトリエール病院などの療養生活を経て、パリから数十キロ距ったオンドビリエ村の友人ジャック・ルクリュの別荘へと転々としたのである。

そのころ私の帰国予定も迫り、椎名さんとも当分はお会いできない気持でたびたびお会いするたびに、椎名さんの帰国の意思が強いことを知った。

「この齢をして、何の土産話もあるわけではないが、一度故郷の山川を見たり、親しかった人たちに会いたいのだよ。できれば村夫子にでもなって、道の直中に石ころがあれば、それを傍によせるとか……私の生がまだあるうちに……」などという話を繰り返した。それに自分の教え子であるTがOに送った次の言葉が先生にも伝わり、先生の望郷の思いに拍車をかけたようである。

「先生が日本に帰りたくなるようなことは言わないで下さい」といったTの文面が逆に先生を強く動かしたのである。

私の乗った船はマルセイユを出航し横浜に向っていたが、その寄港地のどこでも椎名先生の手紙が私を待っていた。そのどの手紙にも帰国の意志の固さがうかがえた。

そんなわけで、私の帰国後第一にしなければならなかったのは、先生の帰国のための準備であった。これまで先生と親しかった友人たちばかりか、先生に空約束をした先輩たちにも会って、先生の現状と帰国の意志を伝え、できれば帰国促進に力をかしてほしい旨をお願いしたのである。幸いにこの運動は成功して、先生帰国の運びとなったが、先生の毒舌を怖れる人たちの当惑顔も混在していた。

帰国当時の歓迎ぶりは、先生を驚かせ、まるで今浦島のようだと言わせた。はじめのうちは、雑誌、新聞などの原稿依頼が殺到し、盛況を思わせたが、それも長くは続かなかった。先生の東京での住居も、井荻、麹町、飯田橋、早稲田と変転したが、どこでも貧困と苦悩がつきまとった。

麹町のころ、窮余の一策に「椎名フランス語教室」を開こうとして、ビラをくばり、開校の運びとなったが、生徒は一名も訪れなかった。根まわしの悪さもあったが、日仏学院に近かったことが最大の失敗であった。飯田橋では、大雨による神田川の洪水にあい、床下浸水というパリでは味わえないような苦労をなめた。そして早稲田の戸塚町の下宿屋の一家に落着いてからようやく「椎名フランス語教室」にも弟子たちが集まるようになったが、それまでの二年ほどの苦難は、先生に再びフランスに帰る決意をもたらした。

「何と閉塞されていることか。日本では若者たちでさえ、死んだ魚が流されるように流されている」というのが先生の実感だったようである。

今度のフランスに渡る旅費は、在パリの野見山さんが提供してくれたデッサンを美術評論家の佐波甫さんに相談して額に入れ、以前にできた「椎名先生の会」によって売りさばき、資金をつくったのである。さらにそのころ予期しなかった先生の訳書『出世をしない秘訣』の好成績も手伝って先生は、兄の孫娘ミチさんを同伴してフランス客船に乗ることになった。

椎名さんは『出世をしない秘訣』の、「あとがき」にこう書いた。

《あの人たちは正確無比な時計、電話、メモによって駆け廻る。彼らは流れる雲や軽やかなスカートや幼児の思い出などに注意深い自由人のあのそぞろ歩きの自由さえも、又離脱とよばれる単純な魂のあの柔らかさも失っている。一言でいえば、彼らは生きることを忘れてしまったのである。それは一体誰のことか。それは成上がった人々のことである。ジャン・ポール・ラクロワはこうした勝利屋、こうした有名人らの、陰さんな描写をしている。彼らは彼らの唯一の偶像——虚栄と金銭につかえるべくよぎなくされている。こうしたみじめな者どもの身上たる堕落や不幸の注意深い研究が、ラクロワを駆って、資料に基づいて堅実な研究『出世をしない秘訣』を書かせたのである……。》

「何よりも成功を避ける」（エリー・ルクリュ）の現代版のようなこの本が、不思議に成功をおさめたのである。

私は当時（一九六〇年七月—一二月）早大の学生たち八名を連れてモスクワからマルセイユまでの自動車旅行をしていたので、その帰国船が、椎名を乗せたフランス船ヴェトナム号とインド洋上ですれ違い、椎名が私宛に「…サヨナラ、シイナ」の電報を下さったことを鮮やかに覚えている。

だが、この最後のフランス滞在は長くはなかった。「この冬が越せるか、越せないか」という風の便りをもらったと思ったら、翌々年一九六二年四月三日、先生はミチさんらに見とられてこの世を去られた。七十五歳であった。

椎名さんの死後、幾人もが先生について書いたが、次の森有正氏の一文は注目される。文中S氏と書かれているのは、椎名さんであり、S氏のある一面を見事に語っている。

＊

《一五年以上も前、パリである日本人の老人を識った。私はその頃、陸軍病院の医者に依頼されて、日本語の文献をフランス語に訳していたが、その人が会いに行くようにと紹介してくれたので、それ以来相識の仲になった。S氏と言って置こう。今はもう死なれたが、私にとってもっとも親愛な人であった。丈が高く立派な風貌をしておられたが、長らく脚部を病んで立居がかなり不自由なようであった。東北の生れであったが、日露戦争後日本を離れ、アメリカに渡り、そこで皿洗いなどしながら苦学し、新聞記者のようなことをしていたが、やがて社会主義やアナーキズムの思想に触れて、第一次大戦の直前フランスに渡った。ジャン・ジョレスが殺されたのは、S氏がフランスについて間もなくであった。やがてドルドーニュ県のドンムにあるルクリュ家（すでに死んでいたが著名な地理学者であるエリゼー・ルクリュの家）にしばらく客となっていたが、異国で働いて身を立てることを決意し、嚢中一文もないかれはドンムを出発し、数百キロを徒歩でピレネーに向い、夜は百姓家の納屋のわらの中に仮寝の夢をむすび、間もなくピレネー山麓サン・ゴダンス付近で農僕（〔引用者注〕椎名がフランス文化の根をきわめる仕事として選んだ農業実践が「農僕」とか「城館の作男」とかに誤解されている）となった。人の言うところによれば、そこで村長の妻君と恋に落ち、一緒に逃れてパリに出た。震災前後数年日本へもどられ、某大学で教えておられたが、再びフランスへ渡られた。私はS氏を十五年以上前に知ったが、その時は、サン・スュルピス教会の近くの半分地下室のようなところに奥さんと一緒に住んで製本を業としておられた。一人息子のG君はアルデンヌ県（フランスの北方、ベルギー国境）で職工をしていたが、時折り家族づれで来ていた。生活は中々困難な様子であった。数年たって私はお訪ねしなくなった。その後一度日本へ帰られたが、一年半ほどでパリへ戻られ貧困のうちに病院で死なれたと聞いた。

S氏はモンテーニュとアランを尊敬し、自分の手で製本して読んでおられた。

私はS氏の中に、故国を離れ、異郷にさすらう日本人の典型を見ようとは思わない。それは余りにも容易なことであり、余りにもつまらないことだ。そんなことはかれ自身千倍もよく知りつくしているからだ。私は、自分の思い通りに生き、それ故の孤独を耐える以上に喜びを迎え、自分の中で作った製本に見入っているS氏の姿が見えるだけだ。S氏は「金」で生涯苦しまれた。しかし「金」の本性は徹底的に見抜いておられたと思う。「と思う」と

椎名其二の作品（背革装丁本）

言ったのは、私自身がその点までまだ辿りついていないからだ。S氏の深い洞察は、「金」はものではない。ものとなることは決して出来ない、という一言に尽きると思う。そしてそれは凡ての革命の根本原理である。

しかし氏もまた金のために働かねばならなかった。「経験」の中に本当のものとの邂逅に向って歩みつづけるS氏にとって、それは耐えがたい苦痛だった。その苦痛の中で、「金」の本性はますます明らかに見破られて行ったのだと思う。S氏の原始的な製本機械を備えた、これまた超原始的としかいいようのないアトリエへは、装飾用の革商人や金箔屋が注文を取りによく来ていた。そしてやがて出来上がった本を手に取って眺めておられた。私も何冊かの本の製本をおねがいした。くすんだ赤い背革のモノー・ヘルツェン氏の「形態学」の本は殊に見事な出来栄えで、私は時折リ、モノー氏の半世紀をかけて書き上げたこの密度の高い労作が、これまた半世紀の経験の果てに、このように慎ましい形に結晶したS氏の製本によって装丁された、深い重味のかかったその本を、今でもものというものの象徴のように、手にとって眺めるのである。

金《かね》ともの、この二つのものは、経験の両極のように思われる。かねにはかねの合理性があり、その合理性は、働かないで他人の必要を利用して、一つの運動を実現する極端に人間臭の強い一面があり、そこから経験の中に介入して来る。それは殆ど必然的でさえある。しかしこの問題を掘り下げ、展開することは私にとって今後の課題に属する。ここではかねはものではないという直感を確認すれば十分である。

S氏の仕事場兼住居は、サン・スュルピスの教会からサン・ジェルマン・デ・プレへ出る横町にあって、路面から三米ほど下ったところにある。その水平面は、中世のフィリップ・オーギュスト王時代のパリの土地の高さだったそうである。辺りは古い市場や金箔屋、製本屋などの集団的に住んでいるアパート、十九世紀風の古い安レストランなどのある典型的なパリの一角である。今でも時々通りかかって、鉄の柵にもたれてS氏の工房のあった低い石畳をしいた下の方を眺める。S氏の住居のあったところは、上のレストランの地下食堂に改築され、植木鉢などが、レースのカーテンの掛っている窓ぎわに美しく並べられている。このレストランは安い値段の割においしいものを食べさせ、殊に秋から冬にかけ、いろいろの貝類や鴨、鳩、鶉、しぎ、しゃこ、鹿、猪などの野鳥や野生のけものを食べさせる。パリの古いタイプのレストランである。日本人も聞き伝えて沢山食べにくる。

S氏の人生を経過した跡はもうどこにもない。しかしそれをかれがものに打勝った姿などと言って徒らな感情に耽るまい。レストランの主人は気骨のある人らしく、ラスカッスという魚が手に入らなければブイヤベースというマルセイユ料理は決して作ろうとはしない。人間の住む到るところ、金とものとは消長している。同一の人間の内部においてさえも、このレストランの主人のように大きな躯の奥底には、かねでない何かがあるかもしれないのである。現にかれは十年近くも下に住む

S氏から一文も家賃を受け取ろうとはしなかったのである。もっともうっかり家賃を受け取ると、必要な時に追い出す権利を失うからだという人もあり、あるいはそうだったかも知れないが、主人がその権利を十年間、一度も行使しなかったことも事実である。
こういう風にここでは、自分の経験を生きる道が複雑に交錯している。そしてまた社会、人生における道徳の実質的基礎が姿を現わしている。》
（森有正全集5『木々は光を浴びて』筑摩書房）

この美しい文体のなかに盛られた思想は、私の胸をさわがせる。しかしまた椎名について語られた金とものについての思索は、苦笑なしには読めない部分もある。よく知られているように価値と価格との関係として、金の通用する社会では、価値は価値通り実現しないで、つねに価格として、つまり金としてしか通用しないし評価もされない。芸術作品の価値と価格はその例としてわかりやすいが、椎名さんの製本なども、その極限にあるものなのではなかろうか。私は改めてマルクスが価値形態の分析になぜあれ程腐心したかをふりかえってほしいのである。価値とは目に見えず、手でつかめないものであるので、それに対して目に見え手でつかめる価値形態を与え、そこに、研究の糸口があったことなどを。そして今日では、価値観の違いなどといって、安易に価値を云々するが、実は価値はほとんど解することができない仕組で、われわれは価格だけ、仕組まれた価格だけの世界に流されているのである。

森有正には、その後はS氏としてではなく椎名氏と実名で書いた短い文章がある。

《椎名氏との交際は数年続いたが、その後私は氏から遠ざかったが、それは私が氏の毒舌に耐えられなかったからである。もしそれを我慢して交際を続けていたら、第一に私にとってどんなによかったであろうし、また晩年深い孤独の中にあられた氏にも何らかの慰めになったかも知れないと思うと、言い知れぬ後悔が身を噛むのである。

……しかし私は、正直であるためには、耐え切れなかったのであり、椎名さんは必ずそれが判っていたと信じている。その優れた人格の五十年の経験がこちらに噴《ふ》き込んで来るその凄《すさ》まじさは何にたとえようもない。椎名さんはフランスの他人の妻君と一緒に逃げだすことによって、そのフランス生活を始めたのであった。》

（「東京新聞夕刊、一九九二年一〇日二七日付」）

この結語を椎名の駆け落ちにこだわった言葉だと受取ると、通俗に流れてしまうだろう。椎名自身にもこのことに触れる文章は見あたらない。それのみか、椎名はクリュッピ夫人との出会いとその農場からの別離を描くにあたって敢てロマン・ロランについて語らず、女性との私事を避け、「広く見たい心からそこを去った」と筆を淀ませている。人妻を連れてのその後の椎名の行動は、ベルギーへの逃避から帰朝へと苦しみを伴ったが、その後四十八年間、この女性と最後まで添いとげたのである。こうした椎名の事情をご存知ないまま、森さんは教え子のフランス女性を含めて、二度の結婚、離婚を繰返し、この文章を残したわずか四年後に独り身のまま亡くなった。森の最後は椎名自身も味わった国際結婚のむずかしさを物語っているだろう。また椎名の毒舌は、研究室生活の長かった森の常識を時にゆるがしたが、森にとって得難い経験であったに違いない。

＊

ともかく森有正氏は椎名さんの家でよく出会った。そしてテーブルを囲んだ。

森氏は学者にはよくあることだが、一見金銭観念にうとく、金が入ると誰彼なくレストランにさそい、またたく間にそれを費消し、椎名さんのテーブルにつくのはその金欠時であると自らユーモラスに語ったことがある。

「お金があるところからないところに流れる。自然の水のような原理はいいね……」と椎名さんが悦に入って語った事を覚えている。その頃、森氏が日本に一時帰国してきて、「今度、妻子をフランスに呼び寄せて生活をともにすることになりました」と語ると、椎名さんはすかさず、「森君のことはあてにならないよ。その場になってみなければ……」と茶化しながら、森さんの意志と行動がどこかで矛盾しあっている性格を見ていたのかもしれない。私はもっともこうした森さんを愛すべき人間、偉大な矛盾をかかえた人として敬愛の気持ちを持ちつづけていたのである。森さんを尊敬するのはまた、彼が目上の椎名さんへの敬意の表し方がひととおりでない丁重さが見える点にもあった。

ある時、われわれの仲間で椎名さんを囲んでクリスマス・パーティを開こうと衆議一決した折、森さんが代表して椎名さんに語りかけた。

「まことに、いたみ入る次第ですが、先生のごつごうのつきます折に、先生とクリスマスをともにしたいのです……」との語りかけに思わずふき出すところであった、森さんは国立大学での礼儀が、このときもまた身についてはなれなかったのであろう。それでいて「日本の教授会の陰湿さならいくらでも話しますよ」と快気炎のこともあった。

「戦後、大学が民主化されたといっても、教授会の席を自由にした位で、二重になった席の後方に長老教授でも座ろうものなら、前列で発言している私にめがけて若僧何を言うのかと怒鳴られる始末ですよ。ああいやだ……」とその場を思い出すかのように顔をゆがめられた。森さんがずっとパリに留まられた秘密が、こんなところにもあるような気がした。

森さんの文章でも語られているように、森さんと椎名さんとの間には義絶があった。それは椎名さんが森さんに借金をし、返済できない状況にあったことに起因している。森さんが椎名さんのことを書く折に金とものを根幹として書かれたゆえんでもあり、金のためにこの二人はずいぶん苦渋をなめられたことも伏線になっている。

だが、二人は二人の気まずさにもかかわらず、椎名さんの家をたたまれるころ、私は森さんをたずねて「椎名さんの問題を片づけるような気持ちで処理するようなことは戒めたい」と言うと、彼は大きくうなずいて「椎名先生へのお金は、私は差し上げたのだと思っています。……」ときっぱり答えられたのである。

それからさまざまなパリ浮世話が続き、ときに椎名さんの話にかえり、私に、「夏場はせっせと働かなかった蟻が、冬場になって食うに困る、という寓話は椎名さんにもあてはまりますね?」といたずらっぽく笑われた森さんに対して、私は「そうですかね」とにっこり笑うだけで、椎名さん支持を表明したと記憶している。

すると、森さんはいつもの温顔にかわって「そうか、そうか」とうなずかれた。私はすぐにこの寓話のたとえは、森さんの先生ぐせが、若い私を試すためにおっしゃったのだと理解しながら、さらに話がはずんだのであった。

椎名歿後のある日、森さんは彼の死を聞いて、あふれる涙をおさえ、先生の墓地の所在をたずねたという。そんな墓地が存在するわけはなかった。椎名はルクリュ家の代々の人たちと同じように墓はつくらなかった。無縁者の一人としてパリ郊外の火葬地に葬られたのである。

私はそんなことを知りながらも、かなりの歳月を経たある冬の日、パリからフォンテンブロー・ルートにある郊外の共同墓地ティエにお参りに行った。広大な原野の続く、特大のこの墓地の一角に先生のなきがらがこの大地と融け合っているのだと思うと、自然に帰った先生の大きな姿が甦るようであった。

＊

その後、幾度もパリを訪れるたびに、椎名さんの工房のあったあたりをさまよい、もう主人はいないことを知りながら、内をうかがってみたい気持にさせられた。だがそのレストランになぜか入ることができなかった。いろいろの感慨がそれをさまたげていたのである。

ところが実に十数年ぶりに、このレストランに入ったのである。時間の経過がそれを許すようになったことと、その昔語りを食事をともにしながら後輩たちに聞いてもらいたいためでもあった。

その料理は、森さんの筆にあるように美味であった。あのフランスの田舎の家庭料理のようなこくのある味であり、とくに長時間煮込んだ料理に特徴があった。

私は一人でこの店に坐ったときは、いつも階下の椎名さんの家でテーブルを囲んだ思い出と直結していた。椎名さんの好きな言葉の一つである「あなたはいつも私の心のなかに生き続けている」ことを物語るように。

一九七六年秋、森有正氏のパリで客死のニュースには驚かされた。それに引続く国際キリスト教大学で開かれた日本での告別式に私は参列させてもらった。耳なれない聖歌の響く講堂で、私は椎名さんと二人分のお別れの気持ちを伝えたいと思ったからである。

さらに二〇年後、私は『パリに死す——評伝椎名其二』（藤原書店刊）を出版した。

思いがけずパリからこんな便りが舞い込んだ。パリで活躍する画家赤木曠児郎氏からである。

パリの街角でスケッチしているとフランス語で声をかけられ、「椎名其二さんを識らないか？最近その評伝が出たそうだがその著者も知らないか」という問いかけである、彼は日本にまで問い合わせ私に引合せしたいという文面であった。

「どうしても著者に伝えたいことがあるので」ということで私の在パリ中にお会いすることになった。名前はジャン・エスマンといい、椎名の旧友だった。

本人は郊外住いにもかかわらず、友人宅にパリの仮住処をつくり、そこで手料理をつくって招待しようとする熱の入れ方であった。

「私は椎名さんが最後に日本に帰られる時、マルセイユまで送りに行ったのです。でも海軍士官であったのでツーロン軍港からかけつけたのですが、汽車が遅れ、私が港についた時には椎名さんの船が出港する時間でした。

私は甲板にいるであろう椎名さんに叫びましたが、私の声が届いたかどうか。

そんな別離をした後にマダム・シイナにお会いすると、『シイナは日本に恋人がいるので帰ってしまったのです。その女性は朝鮮人で、シイナはその写真を肌身離さず持っていたのです』と思い掛けない悲しみを訴えられた。

私はマダムと椎名さんはよくけんかをしているのを知っているので、教養の違いはどうしようもないものだと思っていました。

そして『マダム・シイナから渡された写真を今お見せしたいのです』と。

そこで、その古びた一枚の写真を見るとそれは朝鮮の歌姫、姜承喜のブロマイドであった。マダム・シイナの年甲斐もない嫉妬であった。（戦前戦後にわたってマダム・シイナは日本人たちによって感謝すべき存在であった。山口長男画伯は「椎名夫人の紹介で空き別荘を見つけ共同で借りることができた」と語っている。）

エスマンの話のもう一つは、椎名さんが第二次大戦中大使館員とともにヴィシーに移動した当時、上司であった海軍武官は「フランスが敗けて気の毒だと涙を流すような人だった」彼の名前細谷資芳が明確になったことである。

エスマンは「椎名氏は自分に『細谷武官のような人格的に優れ、尊敬できる方は他におられない』と、しばしば思い出しては、武官の話を聞かされた。それ故、自分としても忘れることができない。当時アナキストとして名が通っていた椎名氏を、細谷武官が海軍事務所職員として雇い、親切にしておられた。このようなことは、通常の人にできることではない。この事実だけ見ても人道的見地からフランス・レジスタンスの人達にも協力されたことも、想像に難くない」と語った。

それ以来、エスマンと細谷資倫（武官の長男）とは親交を続けている。

私の『評伝椎名』が出て喜んでくれたのは、早大付近の戸塚町で開いた「椎名フランス語教室」の教え子たちであった。

その一人、美術評論家の菅原猛。その友人は自ら経営する長島ぶどう房で、日本オーケストラ員による椎名さんがもっとも好んだベートーヴェン最後の四重奏の演奏会を開いた。

また当時もっとも若い女子学生だった加藤（武田）和子は、椎名さんの葬られた無縁者墓地を訪れ、その所在五八番地を公表することを訴えた。

また椎名が「終の住処」と願ったオンドビリエ村に行きたいので、その道順を求められた。

椎名さんが「ここで死にたい」といったオンドビリエの終の住処には夏場は来客がたえなかった。

椎名が存命中、ときに野見山暁治、岡本半三らの長期滞在組があるとこの寒村にも暖かい風が吹き込むのであった。そんな折彼らに連れられて若い日本人女性もまぎれ込んだ。それはとても椎名門下生などとはいえないスットンキョー娘だった。

自由の館を誇るジャック・ルクリュでさえあきれ返って

「あれは何者だ」と言うと椎名は

「おらあ知らねー」と答えた。

「女にすたりはない」と口癖のように言う椎名の皮肉を込めた俗言も、誤解されたためだろうか。

ハープ奏者の田中恭子は、『評伝椎名』を見て、自らの師阿部よしゑと椎名とのパリでの交流を知り、先生の業績探求のなぞが解けたという。

早大教授だった安井源治氏から次の手紙が届いた。

《御著『パリに死す・評伝椎名其二』を拝読して、あらためて椎名先生の複雑な生涯を思いました。ぼくが椎名先生に接したのはほんのわずかな期間です。先生が第二次大戦後帰国されたのが御著の年譜によれば、一九五七年だそうですが、ぼくはその頃、郷里の京都から上京して早大に奉職したばかりでした。先輩の恒川義夫、川島順平その他の諸先生から椎名先生の生活を援助していること、椎名先生がフランスの製本機械をほしがっておられることなどを聞いただけで、お目にかかったのは一九六〇年と記憶しています。早大政経学部の教室で山内義雄先生の紹介に続いて長い講演をなさいました。ご自分のアメリカ留学からフランスに渡った事を話されました。パリの「熊洞」でのみじめな生活にはふれられなかったようです。そのとき、ぼくは録音しましたが、当時のオープンリール式の録音機はいまは使われておらず、その貴重な録音も失われてしまいました。

椎名先生が渡仏されるときには横浜港の桟橋に見送りました。

翌一九六一年、早大とパリ大学の文化協定による研究員として留学の機会を与えられましたその一年間、いちばんお世話になったのは関口俊吾画伯でした。あるとき、関口夫妻がルノー（それともシトロエン？）でオンドヴィリエに行かれるとき、同乗させていただきました。画伯と夫人が交代で運転、ぼくは地図を見て案内する役でした。出発の前に夫人はマルシェで吊してあったウサギをまるごと一匹買い求めました。

Charenton—Nogent—Lagny—Couilly—Crecy—La Haute Maison—Pierrelevee—Rebais—Sablonniers—Hondevilliers（車の道順の覚書き）

先客に野見山、赤星両画伯、椎名先生は先日来、病気だったそうだが、今日はお元気そうに見えた。それからルクリュー宅に二泊。（一九六一年八月十六日の日記）

あなたのご本によると、椎名先生は医者の話では「この冬を越せるか」という状態におられたのでした。その後、パリで先生に偶然お会いしてあなたのお手紙を渡された日付はぼくの日誌にありません。ぼくは一九六二年二月にMM汽船でマルセイユを出発、帰国の途につきました。椎名先生が臨終を迎えられつつあったことを存じませんでした。

あなたのご本を拝読して椎名先生のふしぎな生涯がついに理解できないことをあらためて思いました。ぼく自身、すでに八一歳、椎名先生の年を超えています。無為に過ごした人生です。

なお、……関口夫妻は現在帰国しておられます。ぼくの恩師・吉江喬松、山内義雄両先生、パリで毎週ご指導を受けた森有正先生などすでに故人になられ、関口画伯は椎名先生について語ること

のできる最後の方のひとりであろうと存じます。……銀座の文春画廊で関口俊吾展が開かれます……》

《今日は一つたってのお願いがあってペンをとりました。それはロマン・ロランの魯迅に宛てた一通の手紙を何としても知りたいためです。

その手紙は、一九二六年八月号の「ヨーロッパ」誌に載った魯迅の『阿Q正伝』(訳者は敬陰漁《チンインユー》、ロランと親しく、レマン湖畔にもロランを訪れたことあり)を読んでロランは非常に感動をうけ、「この写実小説のなかには諷刺的な言葉がきわめて多い。わたしは阿Qのあの悲しそうな顔を永久に忘れない」という手紙を送ったと、ほんの一部だけ中国人の書いたものによって知らされています。

しかし、このロランの手紙は、魯迅と対立、抗争していた「創造社」気付であったために、握りつぶされて発表されないまま今日に至っているようです。

今日でこそ魯迅は世界中に注目されていますが、一九二〇年代にロランが「阿Qの悲しそうな顔を永久に忘れえない」と言った評価は卓見であり、ロランを知る上にどうしても欠かすことのできない手紙なのです。それに魯迅の立場で、中国の立場で欧文学を摂取したロランを見直す必要に迫られているのです。

そこで、パリに出られた折にロマン・ロラン友の会に寄ってその手紙のコピーを写していただくことはできないでしょうか。（ロランは手紙を出す際、かならずコピーをとったようですから、魯迅宛の手紙もある筈です）いつかお話したように、ロラン夫人は一すじ縄でいかない白系露人なのですから、留学生に依頼するくらいではどうにもすまないものですから、無理なお願いとは承知で先生にお願いする次第です。お体の具合でどうしてもできない場合にはルクリューさんに先生からお願いしてくださいませんでしょうか。》

（椎名其二あて蜷川譲の航空書簡）

一九六一年一一月一七日の安井源治の日記より

《午後 Boulevard Montparnass 98 にはじめて Assosiation des amis de Romain Rolland を訪ねる。じつはこの前、椎名先生に会ったとき、ロマン・ロラン友の会の蜷川譲氏より依頼されたと言って、手紙「上記」を私に渡された。「ぼくは明日、田舎へ帰らねばならないので、君が行ってくれ」とのことであった。……ベルを鳴らすと秘書らしい若い婦人が出て来て私が用件を話すと、すぐ招じ入れてくれた。部屋の中央にひとりの老婦人が座っていた。名刺を出して用件を手みじかに述べると、「それではたぶんわたしが誰だかお分かりでしょうね」と彼女は言った。「マダム・ロマン・ロランでいらっしゃいますね」と言うと「そのとおり」と彼女はうなずいた。しかし、結局、蜷川氏の想像とちがって問題の手紙はなかった。二〇分くらい話して辞去する。》

その時から五〇年近くたつ今日まで、そのロランの手紙は発見されていない。

二〇〇三年になって栃折久美子著『森有正先生のこと』（筑摩書房）が出版された。

この書により、晩年の森有正は孤独のうちに病死した説は覆えされた。二人は結婚を考慮するほどの恋愛の間柄であり、充実した人間関係を結んでいた。

その書に椎名さんも登場する。森さんは「椎名さん（S老人）のルリュールを見せてあげましょう」と言って部屋に取りに行かれた先生を近くのカフェで待つ。背バンド付の角革製で表紙はマーブル紙。きちんとつくられた本だったが、昔の職人ふうの仕事で、「こういうことが当り前だった時代もあったんだなあ」という感慨がうかぶ。（ベルギーの）ラ・カンプルで習っているルリュールの「お祖父様」といった感じ、と軽くとらえている。

金とはかえられないもの、の価値を表現した椎名の作品に対する正当な評価であろうか。

どちらにしても、椎名も森も最後まで色香を失わない見事な人生であった。

この並外れたフランスでの体験をもつ椎名其二はユニークな自由人だった。彼の反権力の思想は、究極の自由主義であり、彼が誇りをこめていうアナルシスム（アナキズム）であり、永いフランス生活で育まれた独特の思想家であった。それ故に日本では理解されにくく忘れられた存在であった。

ところが、フランスでは、今日若者のあいだでもっとも魅力ある思想家となっているミシェル・フーコーやジル・ドゥルーズらの源には、椎名其二のこの思想が波打っているのである。

五、リルケのパリ

椎名さんは熊洞生活の最後のころは平穏ではなかった。自ら会いたい人は限られ、多くの来客はお断りだった。

そんな頃、金子光晴の息子森乾が気安く訪れたが椎名さんは不快だった。

乾は不器用にも、「紙幣を数枚テーブルに投げ出して帰ってしまった」といい、椎名さんはその後も不機嫌だった。

こんなことだけで怒る椎名さんではなかったが、森有正との間でこんな会話が交わされた。

「乾は、今『マルテの手記』を読んでいる。アドリア海で死にたい」と椎名さんに言った。森有正は「そりゃリルケにいかれているんですね」と言いながら困った表情に変った。

セーヌ河岸の古本屋

椎名さんはフランスで出た主だったパリに関する著作は自ら装幀して書棚を飾っていた。その数は数十冊にも及んでいたが、リルケの『マルテの手記』はそこにはなかった。

乾は『マルテの手記』に出てくる主人公の祖先がデンマークのソレ（Sorø）の学校で学んでいたことで私に関心をよせた。

「君、ソレに行ったことある？」

「ソレは湖畔にある美しい町でかつての貴族学校があり、今はアカデミアになっている」と淋しかったあの頃のことを語りあった。だが作品の本論まで進まなかった。

感じやすい二八歳の青年マルテがデンマークの故郷を去ってパリへやってくる。両親もなく、持ち物はトランク一つ、それに書物を入れた箱一つ。パリに友もなく恋人もない。

だが彼は詩人であった。今ひたすら「見ることを学んで」いた。

リルケが妻にあてたパリの第一信は次のように綴られている。

《パリは本当に大きくて親しめない都会だ。ぼくにはどうしても、どうしても親しめない。ここには到るところに沢山病院があって、それがぼくをおびやかす。どの通りでも、病人が行ったり来たりしているのが眼に映る。オテル・ディユ（病院）の窓々には、奇妙な服、物悲しくくすんだ病衣を着た彼らが見える。ぼくは突然感じるのだ。この広い都市には病人の軍隊、死にかかっている人の軍勢、死者の群がいるのだ、と。こんな感じは今まで他の都会ではなかったことだ。そしてぼくがこのことを、ほかならぬこのパリで、他のどこよりも生の衝動が強いこのパリで感ずるというのは不思議なことだ。だが、これは生の衝動だろうか――生だろうか。否――生とは何か安らかなもの、広々としたもの、単純なものだ。生の衝動とは性急なもの、追い求めるものだ。生を、今すぐ、全部、一どきに自分のものにしたいという衝動だ。パリはそれで一杯だし、だからこんなにも死に近いのだ。これは実に親しめない都会だ。》

この長い手紙を詩人のペンで削ると、「こうして人々は生きるためにこの都会へ集まるのだが、ぼくにはそれがここで死ぬためのように考えられる」という『マルテの手記』の冒頭の言葉に変る。

「ぼくは見る目ができかけている」と二度までも書いた。「物思いに沈んだ女の前では足音を立ててはならない。貧しい人々が物思いに沈んでいるときは、それを乱してはならない。いい考えが浮かぶやもしれないからである。」

故郷を思い、幼児期をたどり、今いるパリ生活に帰っていく。

《ぼくはときどきセーヌの川岸の通りの露店の前を散歩する。骨董屋や小さな古本屋や銅版画の商人が、飾り窓に所せまく商品を並べている。店に足を踏み入れる客はなく、商売は全くないらしい。なかをのぞくと、主人が黙然とすわって、のんびりと本を読んでいる。明日のことを思いわずらうともなく、儲からないことをくよくよせず、前に犬が上きげんですわっているが、猫が古本の背の書名を消そうとするかのように書棚の前を歩きまわり、静けさを深めている。

ああ、ぼくもあのような生活で満足できたら。ぼくは商品を所せまくならべた飾り窓を譲り受けて、そのうしろに犬とならんで二〇年ほどすわってみたいとときどき考えた。》

リルケの通った中世美術館

詩人リルケの見る眼はとぎすまされパリのクリュニ（中世）博物館のゴブラン織の壁掛けの描写は見事である。

この十四、五世紀の美術品のコレクションで有名なこの博物館のなかで十六世紀のデレ・ヴィステ家の一女性のために織られた作品についてである。その一説に「……女はほかの腕を一角獣へさしのべ、一角獣はうれしそうに後あしで立ち上り、女の膝へ前あしをかけてのび上っている。女が持っているのは鏡である。そうね、女は一角獣にその姿を映してみせているのだ――。」

マルテは国立図書館で詩集を読み、ヴェルレーヌからピレネー山麓のジャムに及び、ボードレールの「腐屍」という驚くべき詩に開眼する。

「恐ろしいその、一見いとわしくだけ見えるものに人生のありのままの姿を見て、それをどんな現実よりも真実な現実と考えることが、ボードレールに負わされた仕事であった。」

そしてフローベールの『三つの物語』の一つ聖ジュリアン修道士を思い、「ぼくは癩患者と同衾して、彼を夜ごとの愛の力であたためてやるだけの気持になるかどうかが、なによりも重要なことであるように考える」と書く。

妻クララ宛の手紙に

《あなたはきっと『マルテの手記』の、ボードレールの詩「腐屍」について書いた一説を覚えているだろう。ぼくは、もしこのような詩がなかったら、到底セザンヌにみられるような、「即物性」への展開は不可能だったとおもう。最初はまずこの仮借なさから出発せねばならない。芸術の「見る」ということは、おそろしいもの、一見いとほしいもののなかに「存在者」を見るまでの、苦痛は自己克服の道なのだ。……晩年のセザンヌがこの詩（ボードレールの「腐屍」）を暗記していて、一語一語まちがいなく暗誦してきかせたというのを読んだとき、あなたはぼくの感動がどんなに大きかったかわかるにちがいない。》

リルケは「若き詩人への手紙」の中で、デンマークの詩人イエンス・ペーター・ヤコブセンを最大級に讃えている。そして創作の本質とか永遠性について教えられるのはこのヤコブセンとすぐれた彫刻家ロダンであると言う。さらに画家セザンヌが加わるであろうか。

「私は何年もリルケの妻であった」と告白する十四歳年上の偉大な恋人ルー・アンドレアス＝ザロメは自らの著書に書いた。

「死と言うものを通してひき起こされることは、単に見えなくなるということだけでなくて、同時にまた新しく見えるようになってくることである。」

リルケ没後二十余年経ってフランスで発表されたリルケの『フィレンツェだより』は芸術上の考察までまじえた旅便りであり、アンドレアス＝ザロメに書かれた手紙である。

すぐれた警句にちりばめられている。その一節

《宗教は制作しない人々の芸術である。祈ることは彼らにとって創り出すことである。彼らは自

リルケが最初に泊ったパリの家は近い

分たちの愛、感謝、そして郷愁をそこに刻み出し、そして自己を解放するのである。彼らはまた、一種のはかない教養を獲得する。何となれば彼らは、ただ一つの目的のために多くの目的を棄てるからである。しかしこのただ一つの目的は、彼らの自己だけに固有のものではなく、すべての人々に共通するものである。ところが、共通の教養などというものは存在しない。教養とはすなわち個性である。大衆を相手にして教養と名づけられるものは、内面的なものを欠く一種の社会契約である。》（森有正訳『フィレンツェだより』筑摩書房）

その訳者森有正はリルケについて、「そのレゾナンス（私の内部の共鳴）を語ることしか私にはできない」と書き、リルケが一九一二年『マルテの手記』について書いた言葉を思い出さざるを得ない。

「誘いに追従し、この書に並んで進むものは、必然的に落ちてゆく。この書は本質的には、いわば流れに逆って読もうと努める人々にのみ、喜びをあたえるであろう。」

『マルテの手記』はけっして読みやすい作品ではない。日本を含めて世界中で書かれたパリ滞在記のどの作品に較べても次元の違う高貴さがある。

ところで、余り知られていない貴重な文章がある。それはヨーロッパ特派員だった笹本俊二の「リルケとロラン」である。私は笹本さんが当時住んでいたボンで夕食をご馳走になりながら第二次大戦下の記者活動などをまじえ、この文学裏話を彼の学友であった私の亡兄の面影を思い浮べながら親しくうかがったことが忘れられない。以下長文だが、掲載させてもらおう。

《生涯の大部分を旅で暮したリルケには定住の地というものはなかった。晩年の五年をすごしたヴァリスのミュゾット山荘も所詮旅の仮寝の延長にすぎなかった。もっともリルケは、ここに住みつくにつれて、ここここそ終の栖ではないか、という想いに駆られることはしばしばあったらしい。長く中絶されていた『ドゥイノの悲歌』がここで完成されたのは、そういう心境もあずかって力あったに違いない。しかしミュゾットは誰にとっても定住の栖となるような代物ではない。リルケ自身もはじめにはそれを強く感じて「よろい甲でしめつけられるように感じる」と書いている。

リルケの親友キッペンベルクさんの取計らいでミュゾットをみせてもらったのは二年前の春の事だった。案内してくれたのは、家政婦として、ここで数年前リルケに仕えたフリイダ・バウムガルテンさんだった。一階にある食堂から二階の書斎、その背後にある寝室などを、フリイダさんの説明を聞きながら見てまわったが、古めかしい暗い部屋の印象が強く残った。書斎のソファに腰を下して、フリイダさんの語るリルケの起居のさまを聞きながら、この住居の簡素さをつくづくと感じたものだった。ぼくはふと、「日日旅にして旅を栖とす」という芭蕉の言葉を思い浮かべた。リルケはそのような詩人だった。ミュゾットはそのような栖だった。

リルケがパリに断続的に住んだ期間をかれのパリ時代というなら、それはかれがはじめてパリにやって来た一九〇二年の八月から一九一四年七月パリを去るまで（リルケはいつもの調子で旅に出るつもりでパリを後にしたのだったが、間もなくおそった大戦のため、パリの住居にはついに帰れなくなってしまった）十二年の長い歳月に亘っている。しかしリルケがほんとうにパリで暮した日は正味三年にもならないだろう。あとの九年ほどをかれは旅で暮したのだった。つまりこの三年のパリの生活を九年の旅の日が——数十回、大小さまざまの旅の——寸断しているのである。旅の中絶を受けないパリの生活といえば一九〇二年の八月から翌年の二月までの半年、一九一三年初冬から翌年早春までの三ヵ月くらいのもので、そのほかは二ヵ月とつづいた事はなかった。殊に一九〇四年の夏から、一九〇六年の秋のはじめまでの二年というものは、リルケはまったく旅から旅へとさすらい、パリにはほとんど寄りつかなかった。たまに帰って来る事があれば、新しい旅への準備のためだった。しかし、そういう漂泊の生活にありながらも、パリはやっぱりかれにとって生活の根拠地だった。というよりパリ以外にそういうところがなかったといった方がよい。そこには、ささやかな荷物と書物と守る住居が、いつもリルケの帰宅を待っていた。その住居はロダンと共に住んだ短い日月を別にすれば、いずれも、裏通りのホテルの侘しい室だった。旅人リルケにふさわしい住居だったが、やはり定住という概念とはおよそ縁遠いものである。

前述の通りリルケはパリ時代の大半パリを空けてすごしたのである。しかしそれにもかかわらず、リルケにとってパリはほかのどの町よりも親しいものであり、深い意味をもつ町となった。詩人リルケの形成に決定的な影響を持ったロダンとの接触、『マルテの手記』の完成という二大体験はパリ時代から生まれたものなのである。また、数多いリルケの女性との交友の中で、リルケの胸の一番の奥に触れたマルトという女性がパリの市井の娘であったことも偶然とはいえぬ。

オーストリィ・ハンガリィ帝国領のプラーグに生まれ、ドイツ語を母国語とし、プラーグ、ミュンヘン、ベルリンで学んだリルケは純然たるドイツ人であるが、ドイツの詩人で、かれほどフランス人に親しまれた例はゲーテ以外ほかにあるまい。

リルケ自身フランスが好きだったし、とりわけパリを鍾愛したかれだった。しかし、かれのフランスに対する愛は十分に酬いられた。フランスはかれにさまざまな贈物を返したのである。最大の贈物はもちろんロダン体験であった。しかし、それにもおとらぬ贈物をリルケはフランスから受けとった。多くのフランスの詩人、文学者を友人として知る機会をあたえられたことである。それはフランスにおけるリルケの名声を高めるのには、どんなに寄与したことであろうか。『マルテの手記』の一章を訳して、新フランス評論（N・R・F）に紹介する労をとったのはアンドレ・ジイドであった。それに好意ある解説を加えたのはエドモン・ジャルウだった。また、ジャン・ポール・ファルグや、シャルル・ヴィルドラックがリルケの詩を高く評価した。ヴァレリイが、リルケをたたえる文章を綴った。そのほか、当代一流のフランスの詩人、文学者にかれは多くの友を持つことが出来た。もちろんリルケには、ホフマンシュタール、ステファン・ツヴァイク、カロッサ、カスナー、といったドイツの詩人、文学者にも親友はあったが、かれがN・R・Fを中心とする一団のすぐれたフランス文学者の仲間に入ることが出来たということは何といっても例外的な特別の好運だったといってよい。

これらフランス文学者たちがリルケをどう見ていたかは部分的に日本のリルケ研究家によって紹介されている。ジイドやヴァレリイがリルケについて語った言葉、コクトオが回想の中に浮かべているリルケの像などは日本のリルケ読者にもよく知られているところである。ところが、ロマン・ロランとリルケとの交友については、日本ではほとんど知られていないのではないかと思う。リルケの書いたものの中（主として手紙）でも、ロランについて語った言葉はほとんど見当たらないし、さまざまなリルケ伝も、この交友について触れているところは非常にすくない。それを探してみても、パリ時代の末期のかれの生活を述べている中に「当時リルケはロマン・ロランをはじめて知って、この交友を喜んだ」(オルザン『リルケ伝』)とある程度のものを見出すだけである。

この二人の交友について書かれたもので、これまでぼくの目に留ったものは、一九四二年占領下のパリで出版された『リルケとフランス』と題する本に収められたロラン自らの「リルケ回想」という短い一文だけである。これによると、ロランとリルケは一九一三年三月ステファン・ツヴァイクの紹介ではじめて顔を合わせ、その後一年ばかりのリルケのパリ滞在中、(もちろん旅に中断された滞在だったが)お互いに訪ね合っていたこと、二人は、つい近くに住んでいたこと、リルケがミュゾットに住んでからも、そこからそう遠くない、レマン湖畔に住んでいた、ロランとの間に、たまには邂逅もあったこと。殊にリルケの死んだ頃には、ロランは、ミュゾットに近いシェールに住んでいて、病むリルケを近くに感じていたことなど、二人のつながりがなかなか深いことが明らかになる。

リルケ書翰で発表されないものは相当にあるが、あるいはその中にロランについてのリルケの言葉を発見することも可能であろうし、目下編纂中のロランの手紙と、手記とが公表されればこの二人の交友ももっとはっきりした形をとって来ることであろう。ここでは、前記ロランの「リルケの回想」によってこの二人の交友の一部を知る意味でロランの見たリルケを描いてみよう。

この「回想」は十頁ばかりの短いものだがロランの深い心情の溢れたまことに美しいものである。その要点だけを拾ってみる。

「リルケとぼくとは、この十年、ほんの数歩といってもいいくらいの近くに住んでいた。リルケはキャンパーニュ・プルミエール街一七番地に、ぼくはモンパルナス大通り一六二番地に住んでいたのだ。われわれの窓は、おなじ僧院の庭に面し、その静寂、その安らかな青葉、そこでうたう小鳥の歌を一しょに眺め、一しょに聞いていた訳である。ところが二人は顔も知らず、お互に、それぞれの孤独にとじ籠ってすごして来た。ただ、時折の外国旅行がこの孤独の生活を中断するだけだった。

ぼくたちを近づけたのはステファン・ツヴァイグだった。ツヴァイグは、身を隠している純粋な芸術を、ほかの誰よりも先に嗅ぎ出すという珍しい性能を持っていた。かれはリルケに対して深い尊敬の念をいだいていた。当時すでに、ドイツ、オーストリーの文学界で高名だったこの文学者が、キャンパーニュ・プルミエール街のこの若き詩人に寄せる深い尊敬はぼくの心を惹いた。かれは、リルケを、当時名声さくさくたるハウプトマンやホフマンシュタールの上にさえおいて、リルケの峰の高くそびゆる日は必至であると予言した。

ツヴァイグが、ぼくたちを引き合わせたのは一九一三年三月一七日だった。場所はパレ・ロワイヤルのそばのレストランだった。ヴェルハアレンとバザルジェットとが同席した。食事が終ってからも話はつづき、ツヴァイグのホテルに席を移し、夕方まで歓談をたのしんだ。ヴェルハアレンとリルケとこの二人は、いずれも魅力に富む人物ではあるが、この二人くらい対照的な人柄はほかにもあるまい。長いあごひげをはやし、灰色のゆたかな髪を垂らした赤ら顔のヴェルハアレンの口からはつきるところのない言葉が流れた。リルケはその正面に坐っていた。日記を繰ってみるとかれについてつぎのような言葉が読まれる。小柄なバラ色の面をしたリルケは、はじめはすこし控目にしていたが間もなく、この親しい一座の空気に溶け込んでおしゃべりをはじめた。しかし、子供っぽさと詩人らしさのまじった優美なおしゃべりだった。

かれはモスコウとヤースナヤにトルストイを訪ねたときのことを話した後、スペインに対する礼讃をはじめた。そのあとでぼくたちは、グリムやディドロが考えていた計画を土台として、文学者をつなぐユートピアを建設する計画について論じた。ヨーロッパ各国におけるもっとも重要な思想をそこで一つにまとめるというのが目的なのである。その時ぼくたちが、一番大切な問題と見たもの、またぼくの関心をとくに惹いた問題は、ヨーロッパの道徳的、知的結合をはからねばならぬということだった。

この会合で、リルケとぼくとは余り言葉を交わさなかったが、ぼくたちの眼はお互いをよく理解することが出来た。それから間もなくリルケはぼくを訪ねてくれた。ぼくは不在だったが帰宅したあとすぐにかれを訪ねた。三階の仕事部屋にかれは住んでいた。椅子とテーブルしかない簡素な部屋だったが、広くて明るかった。その前に僕たちの共同の庭が見えた。ばくたちはうちとけて話をした。リルケはすぐにぼくを信用してくれた。かれはパリに来てからの生活を打明けて話した。ロダンに対する深い敬意を披瀝したのもこの時だった。ロダンがまだロダン自身であることを知ることが出来たのは自分の幸福だった、とも語った。リルケは特にロダンに感嘆する二つの点として、仕事に打込むことの出来る天才的な気楽さと、如何なる面倒な環境にも妨げられずに、いついかなる時でも、また何ごとによらず享楽することの出来る不思議な資質とをあげた。かれは、ロダンと共に暮した日のこと、さまざまなロダンの言葉やロダンの行動について語って呉れた。

リルケは、ジイドが「新フランス評論」のためにかれの作品の一部分を訳したことを大へん感謝していた。リルケはジイドの翻訳は完璧なものだといってほめた。かれはジイドがリルケの作品のどれかの全部を訳して呉れることを希望したのだが、ジイドはそれを謝絶したのだそうだ。ジイドは、この数ページを訳すために数ヵ月も骨を折ったのだと、リルケは語った。

数日後リルケは訪問を返しにやって来た。ぼくたちの信頼はこうして固まって来た。ぼくはかれのぼくに対する好意を感じ、かれがぼくからもおなじ好意を期待していることに気づいた。リルケはぼくに対して率直に心を開いてくれたのだが、それは微笑を含んだ、いくらか――優美ではあるが――口かずの多い率直さだった。心を許す友に対して、長い長い孤独の生活を通して胸の内深く秘めて来たものの一部を吐露することがかれにとって大へん嬉しいことだったのである。かれは十歳から十七歳まで幼年学校に押し込められていた時代の言語に絶する苦悩をつぎのように語って聞かせた。」

「それは時代おくれの厭わしいきびしさでした。それは窒息された生活でした。それは地獄でした。ほかのみんなが普通だと思うものをぼくはまったく反対のものだと感じていたのです。まちがいはぼくの方にありとされたのです。それがぼくの生活だったのです。やり切れない生活でしたよ。ぼくはだんだんみんなから離れて、ひとりぼっちになり、ただものごとを観察することだけを憶えたのです。ぼくのものごとに対する分析能力はこうして発達したのです。ぼくの家は代々軍人で長男はそれを継がねばならなかったのです。ぼくはひとり息子でした。結局ぼくは幼年学校を出てしまいましたが、最後の一年は病院に臥して暮しました。それを出てからもぼくの心は破れ傷ついていました。ぼくの内部にはこの時代の苦しい体験のために打ち砕かれ、踏み潰された何ものかがのこりましたが、それはこの時以来ついに元に戻らずにしまいました。ぼくが詩人になりたいという希望を洩らした時、周囲のひとはみんなぼくを気狂だと思ったのでした。この時以来、ぼくの内に粗野なもの、神秘なものの根が生えて来ました。ぼくはそれを守るために努めて来ましたが、いつしかそれはぼくの第二の性質になってしまいました。その時以来ぼくは、今日ひとびとの関心を惹いている少年時代の解放、少年教育の発展、と云うことに対して深く興味をいだいてきました。」

リルケが今日といった時期は、今では五十年も昔になってしまったが、リルケが生きていたとしたら、かれは、今日の事態を一体どう思うことであろうか。(ロランのいう今日の事情とはナチスが欧州を席巻し、フランスもナチスの下に占領されている事情のことであろう。笹本注)

ぼくたちはそのほか、いろいろなことについて語り合った、話題が尽きた時、ぼくは立上ってリルケのために、古代ギリシャの清らかなメロディとグレゴリアンの一曲を弾いた。この二つの曲はリルケの魂の音に合うだろうと思ったのだが、案に違わず、かれはひどく感動して聞いていた。

それから間もなくぼくは国外旅行に出て夏はパリに帰らなかった。リルケに会ったのはその年の秋だったが、当時の日記が手許にないのではっきり思い出せないが、その頃、リルケが、かれの著書『ロダン』に添えて送ってくれた手紙がある。その手紙には、つぎのように記されている。

「先日はお訪ねいただきありがとうございます。この頃調子が悪いので困っています。それも少し長くつづきすぎるのです。しかし、あなたが近くにいられることを考えると、心強くなるのです。あなたのことを、寛容な、親切な友だとぼくは考えたいのです。」

それから間もなく戦争となり、ぼくたちの間は隔てられてしまった。ぼくは一九一四年の春からスイスに行っていた。戦争がはじまってからは赤十字の仕事をやり、あの論文を書いたことは周知の通りである。リルケはこの時動員されていたのだ。可哀そうなリルケ、少年時代にあんなに悩まされた軍服をかれはまたもや着なければならなかったのである。ツヴァイグは一九一五年十二月ウィンで軍服を着たかれに逢ったそうだが、精神的にも肉体的にも参ってしまっていたリルケは、この運命の残酷な一撃に対して防ごうとする気力も持っていなかったそうである。この時のツヴァイグの手紙にはつぎのようなことが書かれていた。

「リルケがパリに残して来た財産、かれの原稿、手紙、書物などが売飛ばされ散逸してしまった。かれの生涯の重要な部分が惨めにも破壊されてしまったのです。」

うちのめされたリルケはこれに対して、救いを求めることすらしなかった。そこでぼくは、リルケの財産その他の救出に乗り出した。一九一六年一月七日ぼくはパリにいるかれの友人たちに手紙を書き、ただリルケのためだけではなく、フランスの名誉を救うためにもリルケの紛失品の探索に全力をあげるように要請した。ぼくはこの手紙をコポオに宛てた。これに対して返事を呉れたのはジイドだった。ジイドはびっくり仰天して、コポオと一しょにカンパーニュ・プルミエール街に駆けつけたが、それはあまりにもおそすぎた。売立ては一年も前に行われてしまっていたのだ。売立てはひどいものだった。それは公然たる掠奪だった。リルケの全財産は姿を消してその代りに五百三十八フランが残ったのだ。正直な門番が、原稿と手紙とを地下室にかくしておいたことは、せめてもの幸だったといわれねばならない。愛する友人に大打撃をあたえたこの道徳的災難を前以て防ぐことの出来なかったことを、ジイドはひどく嘆き悔やんでいた。しかし心破れたリルケにとっては、パリの友たちの心をこめたこの努力は慰めだった。ツヴァイグはつぎのように書いて寄こした。

「リルケはあらゆる事情全体の犠牲となったのです。かれの原稿と書物がなくなったことは、かれを襲ったこの苛酷な運命の鎖の一環にすぎないのです。」

しかしこのリルケの哀しい運命も、ドイツと全ヨーロッパを襲った巨大な苦しみに比べればわずかに小さな編目の一つであろう。この恐ろしい運命から、われわれは今日もまだ解放されていないのである。

パリで長い間隣り同志として生活することの出来たぼくたちの運命は、不思議にも、更に継続することを望むかのように思われた。スイスでもぼくは、リルケの生の、またついには死の隣人となったのである。リルケがミュゾット山荘に籠っていたころ、ぼくはシェールの町に住んでいた。（ミュゾットはシェールから歩いて約二十分かかる。笹本注）ぼくはこの山荘へ通ずる石ころの多い道を一度ならず歩いたものである。そしてリルケが、ぼくも度々厄介になったヴァルモン療養所で息をひきとったときも、当時ヴィルヌーヴ館にあったぼくは、そこの窓辺に立ちさえしていたなら、地上の桎梏と苦しみとから放たれたリルケの魂が、黄金なる夕焼の谷のあなたに、ひらひら翔り去るさまを必ず見ることが出来るであろう。リルケが最後に地上の苦しみと戦っていた幾日間かを、かれのすぐ真近で暮していたぼくには、リルケが、この手荒

リルケが泊ったホテル．サンドウィッチ屋に変っていた

い運命の暴力を、誇らかな孤高の魂からおごそかに、また黙って受けとったことを知っている。眠りは黙している。

ロマン・ロランがこの回想文を書いたのは一九四一年十二月一日とある。それは、ロランがあんなにはげしく反抗したナチスが全ヨーロッパを席巻してしてしまった時代で、ロランのペンにも、自ら憂愁の気が滲み出ているように感じられる。それにしても、ロランとリルケが、親しく語りあったキャンパーニュ・プルミエール街やモンパルナス大通りのささやかな部屋の夕方を想像することも、ロランがギリシャとグレゴリアンの清らかな曲をリルケに弾いてやっている光景も、何と美しいものではないだろうか？　またミュゾットの山荘でこの二人が何を語り合ったかをそれを憶測することもまた、ひとによっては興味深いことであろう。またこの回想文にあらわれる、ジイドが紛失したリルケの所持品のために奔走する話なども充分美しさを添える。ジイド、ヴァレリ、コクトオその他フランス文人のリルケを偲ぶ文章はすくなくはないが、ロマン・ロランのこの一文は、そのいずれをも抜くものではないかと思われる。》（「ロマン・ロラン研究」誌第四八号一九六〇年四月）

その後五〇年近くたって、森乾もすでに故人になっているにもかかわらず、彼とリルケのことが気がかりだった。

昨年秋ふたたびパリに滞在して、まっ先に足を向けたのはリルケの足跡の多いカルチエ・ラタンであった。

リルケがパリで初めて泊ったトウリエ街一一番地は簡易サンドウィッチのスナック店に変り、森有正のかつての住処の向い側のアベ・ド・レベ街五番地などを巡る。それにキャンパーニュ・プルミエ街一七番地とモンパルナス大通り一六二番地の間の僧院の庭はすでになくなっていた。それらははるか昔のこと、消えてなくなるのは当然とする風潮に私はノンと言い続けるのである。

近年オーギュスト・ロダンと弟子で愛人のカミーユと暮した一八八〇年に照明があてられ、十八歳で四十二歳のロダンとの恋と創作の闘いが話題となった。カミーユ伝の出版と映画化によってカミーユの悲劇的生涯が広まった。

それにさいきん、京都の日本舞踏家西川千麗さんが創作舞「カミーユ・クローデル」を舞台に乗せた。

これらのニュースによってリルケの「ロダン」伝がかすんではならないだろう。

六、晩年のロマン・ロラン　――光と影――

ロマン・ロラン（一八六六―一九四四）の小説『ジャン・クリストフ』の名声は突然生まれたわけではなかった。僚友シャルル・ペギーの個人誌「半月手帳」に書きつがれて十年、わずかな読者しかいないことを承知の上で書き進められた。

その後、イタリアのフィレンツェの「ラ・ヴォーチェ」誌グループとの交流で数多くの手紙が寄せられた。ロランはその中の一人、ジョヴァンニ・パピーニに宛てて書いた。

クラムシーのロマン・ロラン街

《あなたはわたしを「ドイツ思想、それともスイス思想、あるいはプロテスタント思想が滲み込んだフランス人……」と呼んでいる。

あなたがそこで批判されているのはジャン・クリストフであって、いささかもロマン・ロランではありません。現代世界における天才音学家を主人公とするには、ほとんど否応なくドイツ人を選ばねばなりません。ドイツ人を選んだのだから、わたしは彼の天性と彼の種族の天性の法則に従わねばならず、彼の思想、信念、諸本能と結合しなければならない。――しかし、確信してください。『ジャン・クリストフ』を終えれば、それを繰返さず、ほかのことをやるでしょう。この作品は、あなたにはひどく長いと思えるでしょうが、わたしの人生における一つの挿話、一つの段階にすぎません。そしてそれに、同じ時期のものである三つの偉人伝(『ベートーヴェン』、『ミケランジェロ』、『トルストイ』)を加えねばなりません。なぜなら、それらはいわば中心的な作品の粗描《エスキス》なのであり、わたしが主人公のなかで生きるために必要な雰囲気を、わたしの周りに保ってくれた。――これに先立つ十年の間、わたしは世界の他の種族を反映しているイタリア劇(『オルシーノ』、『バリオーニ家の人々』、『マントーヴァの包囲』)を書きました。

たしかに、わたしはディレッタントではなく、これからもけっしてそうはならないでしょう。わたしは自分の書くものを信じます。しかし、それぞれの思想は、わたしにとって、他の思想への推移です。各作品は一つの段階です。わたしはそこで立ち止まるつもりはありません。わたしのもっとも燃えさかる、もっとも普遍の信仰は、自由への信仰です。

わたしにはいささかもドイツ思想がしみこんではいません。わたしはドイツ語が話せません。読むのもやっとです。哲学的には、わたしの教養はまったくデカルト的（そしてギリシア的）です。わたしはいちどもカントを最後まで読むことができませんでした。くつろげないのです。ゲーテが親密に生きてきた唯一のドイツ作家です。すべての若いフランス人と同じく、わたしは勉学期中、十七世紀のフランス作家にしか養われず、個人的な好みがさらにシェークスピアを加えました。わたしがドイツの魂に入りこんだのは、もっぱら、ドイツの音楽家たちを通じてです。にもかかわらず、わたしの少年期には、あなたたちの十八・十九世紀の巨匠たちの音楽のほうが、もっと後で発見したドイツ人たちよりもしみこんでいるのです。――わたしはいちどもドイツに惹かれたことはなく、短期の滞在しかしていません。それとはまったく反対に、わたしは何年もイタリアで生活しましたし、毎年ここへやって来ないですますことができないのです。

プロテスタントとのつながりについては、皆無です。わたしはニヴェルネ人で、もっぱらカトリックの家庭の出身で、その何人かは十七世紀に、プロテスタントに対する激しい敵意で世に知られました。

――要するに、わたしは音楽家であり、すべてのものにハーモニーを求めます――あらゆる信念、あらゆる生の力のハーモニーを。現在までわたしの理想を描くあるいは不充分にしか表現しなかった、ということは大いにあります。しかしわたしは自分を信用するほかはない。――人生はかくも短く、言うべきことはかくも多いのです！　わたしはやっと始めたばかりです。

この手紙を公表されてはなりません。まるで親密におしゃべりしているように書いたのですから。しかしこの文章はおそらくいつか、もっと後で、真実を明らかにするのに役立ちうるでしょう。

親しいパピーニ、わたしの献身を信じてください。

一九一二年四月二七日　ロマン・ロラン》（ロマン・ロラン全集三八巻、山口三夫訳、みすず書房）

ロマン・ロランのベートーヴェンへの関心は、ローマで出会ったマルヴィーダ・マイゼンブークとの接触によって一層深まった。

《昨年にくらべて私ははるかにベートーヴェン通です。マルヴィーダのところでピアノを弾く時、まず他のものを取上げようとしても駄目です。必ずベートーヴェンに戻って来ます。彼について幾頁も書くことは私には容易でしょう。音楽の言葉の一つ一つの陰に、そこに表現された思想を読みとることができるように思われます。それは一つの小説のように、ただし叙事小説のように興味深いものです》

（一八九一年三月十四日土曜日、朝、母への手紙）

このロランが母親に打明けたベートーヴェンの物語は十年後に着手した『ジャン・クリストフ』の構想に結びつき、その頃からこの小説の準備は始まっていた。

この芸術への夢想が、しだいに創造の過程でうずき始めた自己に気づくと、もはや幼いロランの魂に止まってはいない。ロランと母との対立が明らかになってくる。「あなたのおっしゃることを聞いていると、私の最高の幸福はあなたの側にいて、静かな、家庭的な、和やかな安楽のなかに、良いピアノや書物――その他のもの、そして恐らく妻子をもって生活することでしょう。否、否、そうではありません。それでは少年期を脱してから、ずっと私をとらえている永遠の不安、芸術に対する絶え間ない私の憧れ、孤独の要求、また私自ら苦しめさせることへのほとんど烈しい要求、私の誇り、独立への欲求などをあなたは見られないのです。ああ！　いとしい母上、愛する母上、ある愛とか、ある友情などはあなたの嫉妬をそそぐ必要はありません。……しかしあなたの最大の敵は、神です、芸術です。非人格的な理想です。そして余りにもいとしい私の孤独です。時には少し嫉妬的な友情をもたれるマルヴィーダ女史にすでにそのことを言い始めました。私を愛する人々は誰も（シュアレス――彼も私をよく理解しないが――を除いては）私がどこに生きているか、私がどんな精神の世界に住んでいるかを見ないし、見ようとしません……」と書き送った母への手紙には日本流に考えれば残酷にもつぎの真実の言葉がつけ加わっている。

《……私は人間よりも思想を愛します。そして永遠の真理や、美や、善を、私よりも、私が愛する人々よりも愛します。》

このように青年ロランの魂を育んだ先人たち、ヨーロッパの風土、あげれば数限りないが、彼の心情の根底をつかんではなさなかったジュネーヴ人、ジャン・ジャック・ルソーを忘れることはできない。一九三八年にルソー選集の序文として書いたロランの「ルソー論」は若き日を回想して自らを証言している。

《ルソーの生まれはジュネーヴのプチ・ブルジョアであった。小心で、意志が弱く、特徴もなく、定めなき人生の危険に早くからさらされ、夢想家で、散歩好きで、かなり天性に恵まれてはいるが、無情で、移り気で、なまけもので、忘れっぽく、風の間に間にただよい、辛抱心はさらさらなく、明日のことは少しも気にかけず、おまけに平凡無為の生活の静けさの外には何も望まず、小説めいた逸楽的な夢想にふけるという肉欲的な道楽を除いては、外に大して求めるところもない、というようなプチ・ブルジョアの生まれであった。三十七歳までは、何かが彼をかき乱すだろうとは思えなかった。しかし、ある日、突然、思いがけなくも、天才が彼の上におそいかかってくる。……彼を驚倒し、光り輝かせ、さらに彼の手にペンを――火と燃える武器を――持たせるのである。……

革命的であったのは彼の思想だけではなかった。彼の著作そのものが、感じ方や感情表現の仕方における革命であった。そしてそれは次の時代の芸術を変形した。……

しかし彼は同時に心の内部の芸術の大家であった。小声で話しかける夢想の、魂の奥底を探る告白の、大家であった。……》

ロランはこのルソーの遺産をうけついで、『ジャン・クリストフ』、『魅せられた魂』の魂の奥底を描き出した。しかもルソーもロランもともに天性の音楽家である素質は、文章で表現できない音楽の領域までも表した。世界中のすべての民衆の間に愛唱されている歌「結んで開いて手を打って……」の作曲家ルソーを想い出すとともに、「ゲーテがルソーの音楽思想に啓発されたモノドラマ『プロゼルピーナ』はルソーの『ピグマリオン』によって始められた様式である」というロランの指摘は重要であろう。

《新しい世界を表現するために、彼は新しくて、自由な、色々異なった言葉を創り出さねばならなかった。……それに彼はリズムと情緒が豊富なのだから、もしも、彼の中にある生来の音楽家がオーケストラの指揮者の棒を持っていなかったとしたら、危うく混乱に落ちいったかもしれない。……》

ルソーはおびただしい数の人々に影響を及ぼした。フランス革命のあらゆる党派の人々はルソーを崇拝し、一度だけルソーをみたことのあるロベスピエールはルソーの教えを固く守った。またルソーはドイツ哲学にも浸透しカントは『エミール』を読んで圧倒されたといい、またフランス文学では「シャトーブリアン、ラマルチーヌはルソーから生まれ、ミシュレ、ジョルジュ・サンドは彼を父とした。」

「近代の教育学はすべて『エミール』から出発し」、「トルストイは『ルソーの書いたものの幾ページかは、私の心をとてもゆすぶるので……私はそれらを自分で書いたのであろうと思い込み』、彼はそれを書き直した。トルストイはわれわれの時代のルソーであった」と語るロランは誰よりも現代のルソーではなかっただろうか！

ルソーの精神はロランによって受継がれ、ともに「自然と音楽」によって自らの心情をたしかめながら、フランス革命劇にルソーの精神を中心にする永い思索を経て『ジャン・クリストフ』、『魅せられた魂』という本格的な音楽小説を完成することができたのであろう。

ロランは亡くなる一九四四年に愛弟子ジャン・ゲーノに宛てて次の手紙を書いた。

《あなたのジャン＝ジャックにしっかりとつかまりなさい！　じりじりして、前もって楽しみを味わいながら、あなたの『ルソー』第一巻を待っているのはわたし一人ではありません。あなたの力と、あなたの燃える言葉がかき立てられる反響を願うのは、間違いでしょう。フランスには、そうみえるよりはるかに多くルソー主義があり、また燃えだすには一つの火花を待つのみです。わたしはこの地方で、心の底に尊敬を保っている何人かのすばらしい人たちを知っています。》

その性格においては歴史家であり、その感性においては文学者であったロランが、その本来の素質ではもっとも音楽家であった。

ロランはほんの幼い時から音楽と手をとりあっていた。母親にピアノの手ほどきを受けた幼年時代、ついでクラムシーに住んでいた亡命イタリア人ポルタからレッスンを受けていた。

一八八三年、十七歳のころ音楽の天啓は宗教的な危機とぴったり一致して起った。その冬ベルリオーズとベートーヴェンとワグナーによって満たされたロランの心はアントン・ルビンシュタインの至高の爪によって刻み込まれた。翌年もベートーヴェンとワグナーによって征服されていた。

パリに出てから母がかつての娘時代レッスンを受けたピアニスト、ジョセフィーヌから音楽についての唯一の技術教育を受けただけで、ロランにとっては演奏会が何よりの音楽教育であった。毎日曜通いつめたコンセールでは、ヨハヒムや、イザイや、サラサーテの魔法の弓、アントン・ルビンシュタインの獅子の爪、ブニョーのびろうどのように柔かい手、あるいはディエメルの水晶のように澄んだ演奏によって、ロランは、モツァルト、ベートーヴェン、シューマンの芸術に浸った。学友クローデル、シュアレスとロランはいつも論争を交わしたが、いつもベートーヴェンの「荘厳ミサ」（ミサ・ソレムニス）で意見が一致するのであった。

ロランにとってベートーヴェンがいかに親しいものであっても、まだその扉を開く鍵をもたなかった。一八八八年の夏休み、スイスで出会ったフランスの一老侯爵ド・ブルイポン氏はロランを強く啓発した。彼は非常に不完全なテクニックにも拘らず、最近人々が心の底から感ずることなく、習慣的にしか賞賛しない諸作品を驚嘆するほどすばらしく理解させた。

すぐれた演奏をするのには次の四つの規則を守ることをロランに示した。

第一に、アクセント（と言っても、常にリズムにあった）

第二に、テンポの統一――その調和と、明澄なこと

第三に、ニュアンス

第四に、テンポの正確さ

ところがフランスでは次のような順になる。

第一に、テンポの正確さ（みせかけの）

第二に、ニュアンス

第三に、アクセント

第四に、第四なんてありゃしない……

フランスでは一つの演奏を批評するとき、真先に出る言葉は、「彼はテンポ正しく演奏していない」。ところがベートーヴェンは同じ作品を二度と同じテンポでは演奏しなかった。……

ロランは自らの音楽教育を完全なものにするために、コンセルヴァトワールにおけるピアノ教育を酷評するド・ブルイポンに、多くの忠言を求めた。

《パリではあなたにとって本当にためになる先生は見つからないだろう。……何よりもベートーヴェンのシンフォニーを聞き給え。君の教育は君自身で完成するのだ！　一つ二つあるいは三つ位の作品に専心し給え、それらを深く掘り下げて、それらが内包しているものすべてを発見するんだ。それらを理解し、それらと一つに結ばれ給え！　交響曲の演奏会から帰ったら、様ざまの音色をピアノの上に再現するようにしなさい。そして、音の配り方や響きをゆっくりと研究しなさい。あなたの腕はもう素晴らしい。自分自身でそれを磨きなさい。でも度を過ぎないように！》

ロランはベートーヴェンの曲の解釈などについては、一つ一つ同意見ではなかったが、後に彼が期待したような音楽家として立たなかったにしても、ロランが生涯をかけて描いたベートーヴェンに関する八冊の書物は、彼の忠言が基になって実を結んだといっても過言ではないであろう。

音楽家になりたい希望を、両親の反対と、幼年期の病弱のために音楽の技術教育がおそすぎたために棄てざるをえなかった彼は、歴史学のコースを選んだが、音楽はいつも彼にしのびよって来るのだった。

学生時代、図書室で古い楽譜のコレクションをあさり、フランス十七、八世紀のオペラに関心をよせ、リュリ、カンプラ、デトゥーシュ、ラモーらの研究に手を染めていた。

ローマ留学時代も定められた十六世紀外交史を研究するかたわら、バッハ、グルック、モツァルトの作品の研究から離れなかった。また結婚後、再びローマを訪れ、聖チェチリア図書館で、永い間忘れられていた楽譜の発見——ルイジ・ロッシ（イタリア十七世紀作曲家）の「オルフェ」、モンテヴェルディの新楽譜、など——は意義深い。ヴァンサン・ダンディはロランによるモンテヴェルディの新譜の発見によって一八九六年彼の創立したスコラ・カントルムで楽譜の出版と演奏がされた。その結果モンテヴェルディが普及されたのであった。

一八九五年、ロランは博士論文「近代歌劇の起源——リュリ、スカルラッティ以前のヨーロッパ・オペラ史」とラテン語論文「十六世紀イタリア絵画の頽廃」とによって博士号を得た。音楽史研究によって学位を得た例は当時は珍らしく、音楽学者コンバリュ、モーリス・エマニエルとロランであり、この三人はフランスの音楽学を確立する基礎をきずいた。

ロランが母校とパリ大学で講じた音楽史と美術史は、同時に活躍した音楽評論活動とともに意義深い。これらの音楽評論は、後に『過去の音楽家たち』、『過去の国への音楽の旅』、『今日の音楽家』という三冊の音楽評論集にまとめられ、『一八七〇年以後のフランス音楽――復活――』はフランスの音楽界に新風を送り、フランス音楽界を復活させるのに役立ち、またベートーヴェンの先駆者としてもっとも重視した『ヘンデル』研究は「フランスで入手しうる、もっと完全で、もっとも内容豊富な文献」であると評価されている。

そのころロランに初めて会ったアンドレ・ジイドは次のように語っている。

《当時ロマン・ロランはコレジュ・ド・フランスで古代音楽に関する講義をしていた。私は彼を見たくもあり、話を聴きたく思っていたので、親友ヴェルハーレンに誘れるままに、喜んで出かけた。私たち二人は沢山の聴衆と同じように、一心に、この未だ若くてすでに高名な講師の、熱して震えさえ帯びた声に聴き入った。深い確信と自然な威厳との純粋な印象によって、無意識の中に、一種の荘重誠実な権威が醸し出されていた。時どき例をひくために、講義を中断して彼自らピアノに向い、説得せずにはおかぬような重々しい口調で説明した。彼自らを誇示しようというような、個人的考慮はさらさらなく、専ら、彼が説明しようとする音楽家の正しい認識を与えようとしていた。……》

このような音楽に対する永年の傾倒と集積の上にロランの本格的な『ベートーヴェン研究』が集められたのである。かつて『ベートーヴェンの生涯』によって心情の偉大さを説いたロランは、さらに偉大な作品が生み出される根源を探りながら、ベートーヴェンの意識下の意識までを追求するのである。

その最初の一巻『エロイカからアパショナータまで』の冒頭で「ベートーヴェンの音楽は『告白録』の主人公ルソーの中で試みられたと同じような拒否しがたい「自然」の諸力の娘である」と説きながら「自然」を工場とする建築の大家であったベートーヴェンが、いかにしてその礎石を一つずつきずいていったかをわれわれに示している。彼の無数の草稿から、ねばり強く創りあげた意志力、頑固なまでの誠実さ、形を組上げる手仕事の喜び、……をベートーヴェンの中から再発見して行く。それに続く『ゲーテとベートーヴェン』の巻では貴族たちに恭しいゲーテに対して、ずけずけと直言するベートーヴェンの二人の性格の相違を巧みに描いている。

「道の向うから、皇后が貴族や廷臣を全部引き連れて現れて来た。ベートーヴェンはゲーテに言った。『私の腕につかまっていらっしゃい！　彼らの方でわれわれに道を譲らなければならないのです。断じてわれわれが譲ってはなりません』……」ゲーテはこのベートーヴェンの奔放不羈な性格に驚いた。

この二人の魂の相違はロランにとってもわれわれにとっても重要であろう。

「ベートーヴェンはつねに闘っていた。彼は一歩ごとに衝突し、負傷した。しかし彼は決して躊躇しなかった。傲然と額を上げて敵の中に切り込んだ。ところがゲーテの方は決して闘わなかった。決して争わなかった。彼の自尊心と彼の弱さは、肉体と肉体の格闘する嫌悪の中でたがいに和解していた」という相違。

このゲーテとベートーヴェンを接近させた女性ベッティーナを初めとする「ベートーヴェンの恋人たち」についてロランは追求を進め、「不滅の恋人は誰であるか」の実証的究明はベートーヴェンの創作活動の秘密に迫るためであった。

『エロイカからアパショナータまで』に続いて一九三〇年、『復活の歌』を発表した時期は、「偉大なる創造の時期におけるベートーヴェン研究」の壮大な構想の見通しが立てられた時期でもあった。五十年来作品一〇六番と荘厳ミサとの間をともに生きて来たロランにとっては、「私には、彼らが私に打明けてくれたものを、他の人びとに、伝達する特別な義務がある」と考えた。

《芸術と思想の形式の、古典的完成を実現したのはベートーヴェンである。ソナタ形式の原理である二元性、豊饒な生産力を胚んだ対立と綜合、これこそベートーヴェンの天性に外ならないからである。だからソナタを理解することは、ベートーヴェンの魂と芸術の中に浸透する上に助けとなる。またそれは意識下の世界の法則を知る上に不可欠の研究である。》（ロマン・ロラン全集二三巻）

ウィーン郊外メートリングの生活がピアノソナタ作品一〇六番の終楽章に表現されているというロランの指摘のような、環境と内面とからの作品の分析から、われわれは他の芸術のジャンルにまで結びつけて音楽の本質を視覚的に理解させようとまで努めている。

「作品一〇六番は荘厳ミサに対し、ヴェズレーの玄関、壮大な前部脇間であり、……荘厳ミサはミケランジェロのシスティナ礼拝堂のようなものである。……」という表現の中に建築、美術、文学、……の底を流れる音楽性を読みとるロラン独特の（すべての人に受入れられなければならない）感受性がある。

「整った形の美しい鋳型の中へ流れ込もうと激しく憧れる無形のものを、天才の力はどのようにして鋳造するのであろうか」という秘密をロランはベートーヴェン研究第五巻『第九交響曲』で説き明かそうとしている。あらゆる時代の人間のさまざまな夢想の流れから、人間にその「善への美」を告示し、その歓びと慰めとをあたえるこの音楽。シェンカーのような「絶対音楽」論者が、合唱の部分をしつけの悪いフィナーレであるという意見にロランは鋭い批判を加える。ベートーヴェンは自らが忍耐強くつくり上げては試してみた法則を、従来の法則に反しても試みた意義こそ見失ってはならない。ベートーヴェンの体内でこのシラーの「歓喜の頌歌」がどれほど長く温められ、あの交響曲の正座を占めるまでに至ったかの創造の過程の解明はロランの筆を借りねばならない。

『荘厳ミサ』以後の彼の晩年の作品でもっとも力強い作品は『第九交響曲』であり……第二の人類の大ミサである……」というロランの言葉は、宗教と一体になって発展してきた芸術の最後の頂点を築き上げたベートーヴェンの意義と、宗教から独立して歩み出しうる可能性を打立てた音楽の意味との両面を力強く物語っている。

ロランも老年期に入るとともに、ベートーヴェンの後期の作品に沈潜した。聖らかな孤独にとじこもる最後の弦楽四重奏曲への傾倒は、ベートーヴェンの真の心のささやきを聞くためであった。

彼はかつてミケランジェロを論じた中で次のように言っている。「ミケランジェロの素描を観ることにより、彼の創造の秘密や、彼の孤独な魂の夢と独白の中に入り込み、そこに彼の最も内面的な、この上もなく完全な表現を見出す。そこでこそ彼は全く彼自身を体現している。

——あたかも弦楽四重奏曲やピアノのための小曲におけるベートーヴェンのように。私は故意にこの二人を結びつけて考える。なぜなら、二人の天才はともに孤独であり、知的で情熱的であり、ただもっとも単純でもっとも抽象的な形式の中でのみその天才が総括的に実現されたのであるから。このような形式では、感覚が関与することがもっとも少なく、精神が最大の部分を占めているのである。

そんな意味から弦楽四重奏曲は、ベートーヴェンの各時期の作品の結晶であり精髄であるとロランは結論を下している。

《ベートーヴェンの最後の四重奏曲は、ポリフォニー作風に書かれた継続する音楽的レシタティフの最高形式であり、そこにはある思想が一つの線や幾つかの線になりながらも、各線が各々の異なった流れと共同の終局を意識してついにその最後の目的に合流する曲りくねった模様を描いている。それは無類な分析と綜合の完全な統一である。それらの四重奏は数年来徹底的に自己批判を加えて来たこの老いた人間の緊急な必要に応じたものである。ちょうどこの世を離れる前に全部を清算をしようとする道徳的な良心と同様な、自分の心の中に光明を輝かせようとする知的要求である。》

（ロマン・ロラン全集二五巻「後期の『弦楽四重奏曲』」）

そして最後の巻『劇は終りぬ』でロランはベートーヴェン研究をしめくくる。ベートーヴェンの最後の日々と死を描いたこの書は、ベートーヴェンが死の三日前シントラーとモシェレスに「拍手せよ、友たちよ、劇は終りぬ」と言った言葉を題名に選んだことはロランの当時の心境と照応していた。

ナチス・ドイツの軍靴は、フランスの主要部を占領し、ロランの故郷の最後の地ヴェズレーの平和の丘にも機械化部隊がおしよせていた。

反ナチスの闘士であったロランが、占領下に何故逮捕をまぬがれたのであろうか。ロラン自身も死の二カ月前、シャン・リシャール・ブロックに宛てて書いている。

《……私たちは長い間占領され、すぐ側で監視されていたのです。私たちは最後の時を待っていました。私たちはどのように見逃されたか知りません。――きっと不適当な箇所を削ったり、つけ加えたりを勝手にしていたのでしょうが――眼に見えないジャン・クリストフの存在したおかげだったのでしょう……二年この方、私たちを取囲んでいる大きな森はレジスタンスの戦士たちをおおいかくし、つい最近の数カ月、退却するドイツの縦隊の退路を絶つ伏兵を用意していました……》

このロランの予感は当った。戦後リルケ研究で有名なフランスのアンジェロスが、あるドイツの都市で講演した時、聴衆の一人は言った。――「自分はフランス占領時代のドイツの指揮官であったが、『ロマン・ロランの家には一指も触れてはならぬ』と命令した」と。

この指揮官はロランのかくれた愛好者であり、ロランの国際的影響力の強さが彼自身を救ったのである。

一九四四年八月、パリは解放され、『シャルル・ペギー』研究を出版し、『劇は終りぬ』の最終校正の仕上げを急ぐ頃、パリのソヴィエト大使館の革命記念日に招待された。ロランは老躯をいとわず列席したが、これが最後の外出となった。

ロランは、最後のパリの感想をしみじみ語っている。「ここへ来るとパリのすばらしい美しさが無疵でいるのを見て、すんでのところで破壊されるのだったと思うと何とも言えない気持になってまいります。」

ロランの最後の日が近づいたクリスマスの夜、注目すべきことが起った。

それはベルナール・デュシャトレ編『ロマン・ロランとリュシャンおよびヴィヴィヤーヌ・ブイエ夫妻との往復書簡（一九三八―一九四四）』にもとづいて書かれた村上光彦氏の次の文章の中にある。

《同郷のブイエ夫妻はロランを先生といって敬愛し、父親とも思って慕う音楽青年だった。クリスマス当日「灰色の陰気な空のもと、硬く凍りついて滑りやすい八十キロの道を、夫妻は例によって自転車を漕いでやって来た。」ロラン夫人は歓声をあげ「早くロマンに知らせて」と叫んだ。

そして夕食後ロラン夫人はブイエ夫妻をロランの寝室へ送り込み、自分はそそくさと出ていった。音楽のこと、ベートーヴェンのことが話題になるのがわかっていたので、音楽に関わることをいっさい馬鹿にしていた夫人は同席するのをいやがったのだ。（デュシャトレ氏の注によれば、夫人がそんなふうだったから、ロランによるベートーヴェンのピアノ・ソナタ録音の計画が何度か持ち上がったのに、その話はすべて立ち消えになったのだった。)

ロランは、親切さの湧き出てやまないまなざしを向けながら、夫妻に語りかけた。……

そろそろ十一時というころ、ロラン夫人がやってきて、これから(引用者注・ソ連から招き同居していた)母親といっしょに深夜ミサに出かける、と知らせた。……

夫妻はロランの寝室に戻り、ふたたび先生のすばらしい話に聞き入った。先生は、生涯をかけて拾い集めた宝を、彼らのために尽きることなく繰り出していった。ロランはゲーテとベートーヴェンの音楽との関わりに移った。ゲーテが一生あの音楽から離れたところにいたのは、それが彼の精神の形にあまりにぴったりしていたので、自分の存在のすべてをそのなかに呑み込まれそうで恐ろしかったからだと、ロランは語った。そう語ったとたんに、ロランは肘掛け椅子の肘を抑えながら立ち上がり、ブイエの肩に手をかけて言った。

「リュシャン、手をかしてくれたまえ。わたしたちのミサを挙げにゆこう」。……

森に咲くツルニチニチソウのような、彼の明るく光る淡青色をした目のなかを、一筋の炎がさっとひらめいた。彼は、心に取りついて離れない精霊の言うなりに、もう一度、プレイエル・グランド・ピアノの前に坐りたくなった、と言い出した。

……

最後の数小節、平安と超自然の希望との福音を告げる最後のいくつかの和音とともに、この歌は消えてゆく。

〈友〉のまなざしはわたしたちに向けられた。彼の顔には神経性の痙攣がしきりに走り、こめかみが窪み、熱のせいでじっとりしていた……。わたしたちは駆け寄った。わたしは急いでサイドランプを点し、彼に両手を差しのべた。まだがっしりし、しっかりした彼の両手がわたしの両手を握りしめた。その力強さを感じて、わたしはほっとした。

彼は、マリーとその母親とが戻ってきはしないかと気が気でないものだから、わたしたちにこう言った。「もうだめだよ、きみたち！　女どもが帰ってきたらたいへんだ。わたしたちがここにいるのを見たら、マーシア（ロラン夫人）は怒り狂うだろうよ。わたしにたいしても、きみたちにたいしても。寝室へ戻るから手を貸しておくれ」。外の闇の物音に耳を澄まし、マリーがいきなり来はせぬかと心配しながら、わたしは大急ぎで彼をマントでくるんだ。……

おそらくまもなく、この偉大な、かくも力強い選良の魂は、わたしたちから離れ去り、虚無の底へ沈んでゆくのだ、と。——そのときには、あのむごたらしい知らせのことは、予想もしていなかったのだが、じつに数日後、その知らせに呼ばれて、親しい友たち、そしてわたしたちにも、彼の死を迎えた寝床に集まることになったのだ。

十二月三十日、ロマン・ロランは永い眠りについた。》

（「ユニテ」誌三十二号、京都のロマン・ロラン研究所）

＊

ところでロランの生涯の戦いは、外に対するものばかりでなく、内面的な闘いがおそいかかっていた。それは家庭的なこともかかわり、行きつ戻りつするが、その場面を思い浮かべてみよう。

『ジャン・クリストフ』の成功の後に、第一次大戦に反対するロマン・ロランの『戦いを越えて』の反響として世界中から彼に寄せる期待は高まった。ロランはその頃M・ブレアルとは離婚しており孤独であったこともあり、世界中から女性ファンが注目することになった。

一人はアメリカの女性サリーであり、ロランは結婚を考えて悩んだが、彼女はアメリカに帰国してしまった。その後は、彼女は精神病となって亡くなってしまった。

もう一人は、ソヴィエトから頻繁に手紙を書いたマリー・クーダチェフであった。彼女の母はフランス人であり、フランス語の彼女の手紙はロランの胸を打った。この女性が後にロラン夫人になり、「愛情に関する性格をもった手紙は一切公表しない方針」を貫いたので、この両人の手紙類は永久に消えることになった。ロランが彼女のために、ソヴィエトからフランスへ引きよせ、定住させるためにどれほどの苦難をなめたかを確かめるのには次のような政府高官との手紙にたよる外はないだろう。

ロランがスイスの大統領にもなったハインツ・ヘーベルリンに出した手紙から読みとることができる。

《あなたにお願いすることをお許しください。レニングラードの出版社「ヴレミア」Vremia はゴーリキー、シュテファン・ツヴァイクその他が準備することになっている、わたしの著作の補足版を出版することを引受けています。これらの代表者の一人とわたしが肉声で話すことができるのは有益でしょう。この際、それはわたしが何年も前から個人的に知る女流作家で、最近パリでフランス語の詩集を出し、たいへん評価されているマリー・クーダチェフ夫人です。母親がフランス人であり、結婚によってクーダチェフ公爵夫人（彼女の夫は、一九二〇年か二一年に、ウランゲリ軍（白衛軍）で亡くなりました）。

……彼女がスイスへ入国する許可を得ることは可能でしょうか……

一九二九年六月》

《……わたしたちはヴィラ・オルガ（山荘）に、老人三人が住んでいます――九五歳の父は、その逞しい体格も肺炎のためぎりぎりに達したところで、それから起き上るのも困難になり、――妹は勇敢で行動的ですが頑丈ではなく、わたしたちの看病で疲れ果てており、——わたしは、この冬の病気で、ずっとまえからやられている健康がさらに蝕まれています。私の精神活動は幸い、いささかも傷つけられていないにしても、わたしの仕事はつねにますます数多くなっており、わたしにはは助手がいません。——わたしたちの友、クーダチェフ夫人は、わたしたちにとって大きな救いとなるでしょう。彼女もそれを望んでいます。

申すまでもないことですが、彼女はあらゆる政治活動を慎むでしょう——(彼女はモスクワで、芸術科学アカデミー院長コーガン教授の文芸秘書です)——またロシアへは帰らない——彼女の若い息子、十四歳の生徒が重病にならない限り——誓約をする用意すらあります。

(私の住む) ヴォー州は、たといわたしの意見がおそらくつねに当局の望むようなものでないにしても、わたしが親愛な貴国にたいして客人としてのさまざまな義務をあまりにも激しく感じていることを承知しています。わたしはこの国で生涯の一部を過ごし、いちども義務を欠いたことはなく、だれかがわたしの家で義務を欠くことを許したこともありません。

それ故あえてあなたの友情に訴え、この許可願いのために、ヴォー州当局におとりなしいただくようお願いする次第です。……

(一九三一年五月二十日水曜日)》

一九三四年四月十日になってヴィルヌーヴの公示板にロランの結婚が発表された。

《親愛なヘーベルリン様

クーダチェフ夫人との結婚をお知らせしたいと思います。すべての手続は終り、近くヴィルヌーヴで結婚式をあげます。

妻は、クーダチェフ公爵との最初の結婚から、十六歳の息子をもうけており、彼はモスクワ大学の数学コースの入学試験に通るでしょう。……勉学にとらわれず彼がスイスに来られるのは七月の三十日間ほどです。わたしはベルンとローザンヌの外事部へ、スイス入国とヴィルヌーヴ滞在許可を願い出るつもりです。申請書をご支持くださるようお願いすれば、ご親切を濫用することになるでしょうか？……》

＊

ソヴィエトの国際連盟加盟。フランスにおける人民戦線とスペインにおける人民戦線の到来につづいて、（スイスの）連邦評議会は——もはや一年前からヘーベルリンは属していない——一九三六年十一月三日、〈スイスにおける共産主義的陰謀に対する措置を定める〉決議をした。第一条にこう述べていた——連邦公共省は、税関当局ならびに郵便電報電話行政庁と連絡をとり、スイスに編入される共産主義、無政府主義、反軍国主義、反宗教的な性格を示すあらゆる新聞、文書その他の宣伝物を押収する任に当たる。

これに対しロランは

《人間としてまたフランス人としてのわたしを傷つけるひじょうに重大な状況において、あなたに助力と勧告を求めることをお許しください。

連邦評議会は最近、新聞「ユマニテ」のスイス入国を禁止しました。フランスにおいて議会で八十名の議席をもつ政府与党の大党派の機関紙であるこの新聞を、スイスにおいて公然と販売することを禁止することに関しては、――……

わたしは早急に、連邦評議会によってとられた、またとられようとしている措置の範囲をはっきりと知りたいのです。評議会に直接問合わせるまえに――近日中にそうするつもりですが――あなたにその仲介になっていただくようお願いしたかったのでした。なぜなら、あなた以上にわたしの誠実さを知り、それを保証してくださる人はだれもいないからです。またあなたより親密に、わたしが少年時代から生活し、作品の大部分をここで書き、わたしにとってもう一つの祖国になったこの国から立ち去らねばならないなら、わたしが感じるであろう深い苦しみを共にしてくださる人はだれもいないでしょう。ところで、これこそわたしが是が非でも、短時日のうちに決めねばならないことです――たとい七十歳の老人にとって他所に住まいを探すのがどんなに辛くても。

しかしわたしは安楽よりも健康よりも、わたしの自由に執着します。そしてこの自由は、わたしの文通や郵便物を侵害する措置によって重大な損害をこうむるでしょう。
あなたをこの重大な葛藤の打明け手とし証人としたことをお許し下さい。……

一九三六年十一月二十三日月曜日》

その一年後、ロランはスイスからお別れの手紙を書いた。

《わたしたちは決定的にフランスへ帰る決心をしました。ブルゴーニュのニヴェルネ地方、ヴェズレーに、小さな家を買いました。——コラ・ブルニョンの町でもある、わたしの生地の小さな町のすぐ近くです。来年の夏の初めに、わたしたちの住所を移します。しかし毎年、数ヵ月、立ち去るのが苦痛であるヴィルヌーヴへ戻って来るでしょう。多くの思い出が青年時代からわたしをこの国に結びつけています！

わたしたちは夏の一日、フラウエンフェルト（ヘーベルリンの土地）でお目にかかるつもりです——そしてご存知のように、ヴィルヌーヴが、落ち着きましたらヴェズレーへ、わたしたちをお訪

イカダ乗りの橋の下のヨンヌ河

ねくだされればどんなにかうれしいでしょう。いつか、わたしの古いフランスに丘のすばらしいバジリカの聖堂と、調和的な地平線をお見せするのが楽しみです！

一九三七年十二月二十四日》

ロランはヘーベルリンと再会を果すことはできなかった。

そして一九四〇年六月一日次の手紙を書いた。

《……五月十五日、ローザンヌとジュネーヴのフランス領事たちが、翌日ではなく、その日のうちに出発するようせかせました。――わたしたちはスイスでやりたいと思っていたことを何ひとつできず出発し、アネシー経由で帰りました。こうしてヴェズレーに戻りましたが、パリの友人たちがわたしたちに避難所を求めて来ています。街道は長い行列でいっぱいで、荷物には干し草や家具を積んだ上に、家族が横たわり、太った労働馬がゆっくりとそれを引いていきます。彼らはこの地方で迎え入れられるか、もっと遠くまでいくのです。……》

このようにすでに戦時体制に突入していたフランスに帰ったロマン・ロランはどのように対処したであろうか。

一九三九年春以来、ジャン・クリストフに夢中になっていた若い労働者（一人は機械工場の労働者で、もう一人は商事会社の女性タイピスト）がヴェズレーのロランを訪れ、パリで働く青年たちの中にジャン・クリストフがよみがえっていることを喜んだロランは、二人がクラムシーを見たがっていたので、車で案内した。

その青年エリー・ワラックが、占領下の重圧から立上りレジスタントとして活躍中、二度、三度このヴェズレーの家を訪れ、「ロマン・ロランが何を考え、彼に忠告するとすれば、どんなことか」を求めたが、夫人の制止によって重病のロランには会えなかった。ロランの家の正面に置かれた憲兵隊見張りの危険をおかしてもロランに会いに来たワラックの心情は、それを直接ロランに告げることができれば、どれほどロランを感動させ励ましたことであろう。

だがロランがこのワラックにあたえた数通の手紙は、どれほどワラックの抵抗運動を励ましたことか。

《今日という時代のためには、言葉は大したことはできません。勇敢で忍耐強くあり、ヒットラー主義を打倒するまで協力して戦い続けるほかありません。なぜならもしそれが打倒されないならば、われわれの愛し尊重しているもの、われわれのフランス、われわれの自由、われわれの大きな希望などはすべて滅びるでしょうから》
（一九四〇年三月一日）

《親愛なワラック

ほんとうにわれわれは不運でした。あなたがヴェズレーを通られた日の三日後に、つまり五月十五日に、フランス系スイス駐在のフランス領事が、その日のうちにスイスを立ち去るようにと私に通知してきました。その日の夜にドイツ軍が侵入してくるかもしれない、と考えられたのです。私たちは、予定していたことをなに一つもできずに、帰ってきてしまいました。けれども現在そんなことなど誰ができるでしょう。

フランスのあらゆる力は同じ目的に向かって張りつめられています。ひるまず希望をもちつづけましょう。

私はあなたと妹さんとの手紙に深く感動しました。私はこのような愛着をうけるに値するほどのことを一体したでしょうか。人生の崖にこんなに近づいているのに——なにかの役に立ったと、とくにフランスの若い人たちに役に立った、と考えることほど、私にとってうれしいことはありません。私があなた方の許を去ってしまってからも、この私の生命がなおあなたがたに光と熱とをもたらしますように。

愛情をこめて　　　　ロマン・ロラン》

一九四〇年五月二十五日

《あなたは訪れることを差控え、文通だけになさって下さい。ただ忍耐と未来への確信をもつだけです。あなたには、永い前途のあることですから、いくらでも機会に恵まれるでしょう。この私は、若さといえば心だけで、私の未来は他の人たちの未来です。私はそれで満足です。私は幾十年も先んじて生きることに慣れています。数世紀さえも。私には息を切らして大声をはり上げる必要はないのです。

ヒュマニティはカタツムリの様に少しずつでも進むのですから。(ザリガニのようにあとずさりするのでなければよいのだ……それでも進むではないか)

親愛をこめてあなたとご家族と友人とに

(一九四一年二月十二日)》

つぎの手紙はロランのワラックへの親愛の情がロランの厳しさと交錯して二人の人間味をかもし出している。

《私の親愛なワラック、

お手紙受取りました。私は今パウル・ベッカーの『ベートーヴェン論』を受取って驚いています。なぜこんなことをなさるのでしょう。私はその本は以前から持っているのです。――それももっと大きな版で写真入りのものです。あなたは私がベートーヴェンに関する書物はすべて持っているとお考えにならなければいけません。前もっておたずねにならずに、ああいうものを私にお送りになるのは、不可解なことです。これからは特別の場合を除き、もう私になにかをお送りにならないように、とお願いします。時間と金の無駄ですが、私はあなたに返送しなければなりません。局留めというのでなしに、もっと確実な宛先をお知らせ下さい。ベッカーの本を送り返しますから。

もしあの本をあなたがお買いになったのでしたら（そんなことをなさることはなかったのです）売り戻すようにして下さい。そしてもう二度とこんなことをなさらぬようお願いします。そして私がしているように、あなたもご自分の仕事だけをなさってください。ではいずれまたよい機会がありましたらお話しましょう。

心をこめて

（一九四一年二月二十二日土曜日）》

《親愛なワラック

それではご本をサラーネ夫人のところへ返送します。あなたの優しいお心遣いに感謝しております。しかしこれからは、あらかじめお知らせなしに、一切お送りくださらないようにしてください。

まごころこめて

一九四一年二月二十七日木曜日》

このワラックは一九四〇年六月、占領と同時にレジスタンスに加わりパリ地区に二十五キロのダイナマイトを最初に搬入した一人であった。しかし一九四二年六月二十九日、凄惨な一戦の後逮捕され、七月二十七日銃殺された。

ワラックは惨忍な拷問にかけられ、当局は仲間の名を白状させようとしたが、彼は最後まで口を開かなかった。

ワラックが獄中で最後に残した手紙にはこう綴られている。

「僕らが今こうなっているということは幸福なことではないか、どんな喜びもこれに換えられはしない……何という樹だ、どれほどの樹液だというのだ、一つの実は地に落ち、種子となり、地の底から芽生え、やがて再び果実となる。こういう樹は死にはしないのだ」という言葉にロラン精神の復活を見ることができるであろう。

ロランはこのワラックの死を知らずに永眠したが、ロランが死の直前、一九四四年十二月九日、ソルボンヌ大学で開かれた第二次大戦中の知識人の犠牲者追悼会によせられた最後のメッセージは、これら若者にいかに期待をよせていたかを物語っている。

それはロマン・ロランの絶筆でもあった。

《二つの大戦を結ぶ二〇年間には、フランスの魂の精神力の弱まりが見られた。多くの犠牲がはらわれたがゆえに抱かれた、かずかずの大きな希望も、悲しいことに空しく消えた。かがやかしかった幾つかの偶像も、政治家たちに利用され、幻滅に終ってしまった。利己主義的な無関心や、安易な享楽心の雰囲気が、大衆をおおっていた。こういったものがフランスの活力の根底を蝕んでいた。ヨーロッパはいわばたぎりたつ溶鉱炉のようで、新しく生まれたり、新しくよみがえったりした国家が、自負心や貪欲でみずから夢中になって、その炉の中でそれぞれの運命を精錬されていたのであったが、フランスもその中ですでに崩壊のきざしが認められていた。その時にもなお明晰な精神を保持していた者の眼には、それは恐ろしい悪夢であり、その悪夢は日増しに空をとざしていた。その悪夢を取りのぞくことなど、もう問題にはならなかった。

ただ問題になっていたのは、フランス魂がその悪夢をいかに耐え忍ぶべきかということであった。それは悲愴な試練であり、致命的なものになりかねないものであった。気落ちした人びとには、事実、あやうくそうなりかかっていたのである。その魂の群れが、それまで信頼していた人々たちに、裏切られてしまっていたからであった。その自己放棄は、フランスの歴史でも前例のないほど、徹底的なものであった。

ところがその時奇跡が起った。深淵の底から、フランスに対する信念の稲妻がほとばしり出て、不壊の希望の聖なる炎が燃え上がった。その炎はあらゆる社会、あらゆる党派、あらゆる階級から躍び出てきた。とくに感動的だったのは、若い知識層からの炎であった。

犠牲となる者が、まさに自立生活を始めようとする年齢で、その自立の生活から最も美味の果実を摘みとろうとしている者であっただけに、その自己犠牲はいっそうおこない難いもののように思われた。しかしまたそういう時期であればこそ、その自己犠牲は惜しみなく行われたのであり、その成果をかちとろうとする熱意におとらず、みずからを捧げようとする熱意に燃えた、若々しい情熱のほとばしりであった。しかも成果をかちとらねばとれぬほど、ますますみずから捧げようとするのであった。……その自己犠牲という行為はなんと美しく、純粋で、簡素で、はげしいものであったであろう。死刑を宣告された多くの青年たちが、それぞれの家族にあてて書いた告別の手紙には、その自己犠牲という行為の純粋で、簡素で、しかもはげしい美しさが、なんとあふれていたことであろう。その手紙は各人の親しかった人びとばかりでなく、その人びとをはるかに越えて、永遠のフランスにあてた手紙でもあったのであり、フランスはその若い英雄たちをみずからが所有する宝物だと主張するのである。

ある者は信じ、ある者は信じなかった。というより、ある者は自分が信仰していると信じており、ある者は信仰していないと信じていたのである。しかしそのすべての者は、永遠の大きな力を信じていたのであり、その力の高まりに参加していたのである。みずから進んで受ける苦しみによって、祖国の偉大な運命に直接触れ、その接触から生まれた不可抗力的な前進への確信。この確信こそ、気力のない平和な他のいかなる時代も、いまだ知らなかったものである。その祖国――われわれの祖国は、ともすれば受動的態度におちいりがちな世界にあって、自由を擁護し、自由の化身となる使命をもつのである。
……あの若い死者たちの各人は、フランスならびに自由の生命と勝利とを、断言したのであった。私はあの英雄や殉教者たちの名を刻んだ石柱を、「凱旋門」の表装に加えることを提議する。しかも刻むその名を一部の人たちだけに限らず犠牲者がその収穫をできるだけ豊かに取り入れるように。》

（ワラックへの手紙を含め「ロマン・ロラン研究」誌七号に発表）

＊

ロマン・ロラン没後四十一年後の一九八五年四月二十七日、ロマン・ロラン夫人は九十歳で亡くなった。

ロマン・ロランの死後、夫人が切廻していたロマン・ロラン友の会を支え、二十六巻もの『書簡集』を刊行した彼女の功績は認められなければならないだろう。だがその内容の選択は、彼女好みに支配され、世界の研究者が望む未発表の書簡発表からは程遠かった。

たとえば、三十数年以前から発行準備中だと彼女から聞いたゴーリキーとの往復書簡集も、「政治的に利用される」という理由で、彼女の生前には刊行されなかった。

さらにツヴァイクとの往復書簡集にいたっては、ユーゴーのネデルコヴィチ氏が著書『ロランとツヴァイク』に引用、資料紹介したといって著作権侵害として裁判に訴えるようなことを敢えてし

たのである。(詳細は蜷川譲著『パリの宿』麗澤大学出版会刊で)

またロランが最後まで手がけたフランス革命劇八篇の上演に関するメモワールやノートなどが資料として公刊されなければならないが、それも果たされていない。

さらにもっと重要なことは一九三五年夏ソヴィエトを訪れた同行者としての証言が、ロランの真意をいがめるものであってはならないし、スターリン批判以後、スターリンとも親しかったロランとして内外の批判を浴びている言説に対しての反論はなかっただろうか。

ロランが「スターリン時代」に友人ゴーリキーを通じてソ連首脳へ働きかけ、ベルギーの革命家ヴィクトル・セルジュを救出した事情の詳細は?

一九三〇年代にソ連ではフォルマリズムの流れを汲む数多くの言語学者が弾圧をうけた。その一人ウーソフはロランの請願で減刑されたと伝えられている。

《詩人オシップ・マンデリシュタームは、ロマン・ロランがじぶんのことにつきスターリンへ手紙を書いてくれるから、自分の生活はよくなるといっては、自分を慰めていたということである。……ヴォローネジの流刑時代に、私とオシップは、ロマン・ロラン夫妻がモスクワに到着して、スターリンと会見したという記事を新聞で読んだことがある。ロマン・ロランの妻であるロシア人のマリア・クダシェフを知っていたオシップは、そのとき溜息をついていった。

「マリアがモスクワの町を走り回っている。きっとぼくのことを話に聞いたにちがいない。ロマン・ロランがぼくのことを釈放してくれるようにスターリンにちょっと話してくれてもよさそうなものだがなあ」と。

オシップは、ヒューマニストを看板とする人々が個々の運命に関心をもたず、人類全体にのみ関心をもつなどということがどうしても信じられず、出口のない状態における希望をロマン・ロランの名前につなぎとめていた。……を正すためにロマン・ロランについて付け加えておくならば、彼はモスクワに来て「辞典学者」たちの運命を助けるために奔走したらしい。少なくとも、そういう噂である。だからといって「ヒューマニスト」を看板とする人々についての私の意見は変わるものではないが。真のヒューマニズムはすべてを知り、万事に関与している。握手を求める手を減らすことなかれ。》

（ナジェダ・マンデリシュターム「流刑の詩人マンデリシュターム」、木村浩・川崎陸司訳、新潮社）

ロマン・ロランがパリに移り住んだ家

《ロマン・ロラン……想い出すのも吐き気がする。さらに胸がとりわけむかつくのは、こういう有名なヒューマニストの何人かが私の音楽を賞讃していたからである。たとえばバーナード・ショーもそうであったし、ロランもそうであった。ロランはわたしのオペラ『ムツエンスク郡のマクベス夫人』がとりわけ気に入っていた。そして、真実の文学と、それと同じく真実の音楽の愛好者の輝かしい巨星群のなかの有名なヒューマニストとわたしとの出会いが予定されていた。しかし、わたしは病気だと言って、出かけなかった。》

（ソロモン・ヴォルコフ編『ショスタコヴィチの証言』、水野忠夫訳、中央公論社）

これらの証言について正論にしろ反論にしろ語りうる生きた証人は、マリー・ロマン・ロラン夫人以外にはいなかったのである。

ロランの友人でルーマニア人作家イストラチは、一九二九年ソ連を紀行して、大量逮捕、シベリア流刑などをロランに伝えた。ロランは革命にとって有害にならないようにとの配慮から、イストラチの発言をつつしむように言った。イストラチは革命を破壊する分子を告発しないのは真の革命家の態度ではないと断言した。その時の衝突はおさまったが、二人は一九三〇年三月に絶交した。彼がマリアのことを、ソ連当局がロランをスパイするために送り込んだ女だとほのめかしたからである。

その頃のロランは健康状態が不安定であったのにもかかわらず、反ファシズム運動の先頭に立ち、ソ連支持者はロランだけではなく、ジイド、アラゴン、ニザン、ブロック、マルローらもヒトラーを拒否しながら、ソ連を受け入れた。一九三五年、ロランが『闘争の十五年』と『革命によって平和を』の二冊の政治論文集をまとめたのはロランの妻となったマリアの協力があった。だがその後は絶版。

一九三五年、ロランはモスクワ行を決意する。その動機はマリアと彼女の息子の安全を願ってのことであった。ロランは信頼できるゴーリキーの家に三週間もすごし、その間スターリンとも会談したのである。ロランにはさまざまな期待がこめられていた。ボリシェヴィキ党が恐怖政治を敷いていたと疑われていた時期でのロランの自由への救済活動はめざましかった。

「わたしが擁護するのはスターリンではなくソ連である」というロランの立場は不変であった。ロランの最晩年は、夫人の宗教的関心とは余りにも遠く、ロランの終の住処は静けさを失っていった。

七、パリの駅、メトロ、沿線の街

パリには六つの鉄道駅がある。

サン・ラザール駅はノルマンディ方面、北駅はリール、ベルギー方面、東駅はストラスブール方面、リヨン駅はリヨン、マルセイユ方面、オーステルリッツ駅は中部フランス方面、モンパルナス駅はブルターニュ方面と分かれているが、駅舎はいずれも趣きがあり、この地点から旅情をかきたてる。

なかでもサン・ラザール駅は華やかで、ここから出る郊外線の数も多方向のバス路線も充実している。

リヨン駅

年間一億一五〇〇万人がサン・ラザール駅を利用しており、このうち九五％が郊外の住居から通ってくる。サン・ラザール駅に毎日発着する列車は一四〇〇本もあり、北駅の一一〇〇本、東駅の七〇〇本と較べても最大である。

またサン・ラザール駅は市内に向けてメトロ（地下鉄）とも連結点になっており、メトロ三番線、一二番線、一三番線との乗継ぎ点であり、最近造られた首都圏高速網（ＲＥＲ）のＥ線の出発駅ともつながっている。

駅の周辺は、ローマ広場を中心に、ウィン通り、マドリッド通り、コンスタンティノープル通り、サン・ペテルスブール通り、リエージュ通り、ロンドン通りの六つの通りが交錯し、鉄道や列車の流れを見ることができる。このあたりの景観は印象派の画家たちをひきつけ、エドワール・マネーは、サン・ペテルスブール通り二番地にアトリエをもち、マネーの友人の詩人マラルメはローマ通り八九番地に住んで「火曜会」を開いたことなどでよく知られている。

それに駅の東側にあるアムステルダム通り、ブダペスト通り、アテネ通り、ミラノ通り、モスクワ通り、トリノ通りとヨーロッパの主要都市名の名称になっているのは、ここがヨーロッパの中心だという誇りの命名である。

駅から南下しオスマン大通りを抜ければオペラ界隈、パリで観光客にもっとももてはやされるカルチエである。

オペラ通りのピラミッド駅からメトロ新線一四番がリヨン駅、ベルシー駅を通ってミッテラン記念国立図書館駅に向かう。

リヨン鉄道駅は、リヨンを経て南仏に向かう列車の拠点である。ここから出るＴＧＶ（新幹線）に乗ればカンヌ、ニースまで数時間で行ってしまう。

かつては日本から船でマルセイユに着き、そこからパリ・リヨン駅までは一仕事であった。駅舎はかつての姿そのまま残されているので古風だが、あたりの街並みはすっかり近代化された。

上：バスの乗客，下：メトロの待人

セーヌ河をはさんでいるが隣りともいえるオーステルリッツ駅は、静かなブルゴーニュ方面に向かう鉄道駅なので、通勤時間を除けば閑散としている。

このごろ、中国観光団の数

が日本人観光団を抜いて増大した。かつて（一九二〇年頃）中国の首相になった鄧小平のフランス留学地であるハンチントン工場がこの沿線のモンタルジーであったから、中国人の姿を多く見るようになった。

モンパルナス駅は、かつてはブルターニュ地方の客相手の古びた駅であったが、最近の都市改造によって巨大な近代駅に生まれ変った。あたりには、画家たちのアトリエ村、近代美術館、ザッキン美術彫刻館などがあり、パリ中で有数の観光地である。

ここも朝夕は郊外からのパリ通勤者でひしめく駅である。

一九九〇年のデータによると、一八一万五〇〇〇人がパリ市内で仕事をもっているが、七四万二〇〇〇人が市内に住んでおり、九七万三〇〇〇人が郊外の近郊市街地から通っている。このパリをとりまく近郊市街地は、エッソン県、セーヌ・ラ・マルヌ県、ヴァル・ドワーズ県、イヴリーヌ県であり、交通機関であるメトロとバスも郊外地に拡大している。

大都市における地下鉄（メトロ）の役割は多大であるが、パリの地下鉄発足は意外に遅かった。ロンドンが一八六三年に、ベルリンが一八七一年、ニューヨークが一八七二年、シカゴが一八九二年、ブダペストが一八九六年、グラスゴーが一八九九年という地下鉄開始時にくらべてパリは一九〇〇年である。

それはパリの景観や美しさを守るために高架橋建設に反対したりする議論がくり返されたためであった。だが一九〇〇年のパリ万国博覧会が近づき、数百万にのぼる訪問客の移動を考慮するうちにメトロ開設が決まった。

最初は、ポルト・マイヨとポルト・ヴァンセーヌを結ぶ一号線であった。

今日、増大した地下鉄のどの駅を利用しようと、パリの均一料金で全区域の実情に触れる。なかでも乗客車の機能性や美しい座席を知ろうとするには一号線と六〇年ぶりの新線一四号に乗車することである。

一四号線は、将来はサン・ラザールを起点にする予定であるが、現在はピラミッドからベルシー経由でミッテラン記念国立図書館駅まで運行している。この線は初の無人走行メトロであり、美しく快適な客車が走る。

このメトロ計画を手がけたのは既に「フィガロ」紙別冊で「明日のパリを創る一〇〇人」で紹介された、パリ圏交通営団のデザイン統括室長の日本人上永井洋氏である。彼は次のように語っている。

《計画は一九八九年、ロカール内閣の時期に始まりました。当時は沈滞期で、これを打破するためにこれまでとは全く違った新しいコンセプトで挑戦しよう、ということでした。その後、財政問題などもあり紆余曲折を経て実現したプロジェクトです。皆さん、一四号線を利用してみてください。メザニン方式の導入、採光、色彩、換気などあらゆる面でこれまでにない美空間、新しいメトロ空間が構成されていると自負しています。また、その評価も得ています。

METEOR（メトロ計画）は一段落しましたが、私たちの仕事は絶えることなく今も続いています。それは、メトロ、バス、RERなどを単なる交通機関を越えて、文化的空間、快適な生活空間としてデザインし、利用者に提供しようというものです。「デザイン統括室」は文化的美的空間、快適な生活空間のデザインを担当しているのです。メトロ計画は、私たちが手がけたデザインの一例です。またメトロ九号線のサン・ブロワーズ駅なども見ていただきたいと思います。地表と変わらない明光が特色で、快適空間デザインのモデルになるものです。……

メトロの入口

快適空間のデザインには、たとえば光を大胆に取り入れる。色彩、音響に画期的な創意を凝らす、さらには照明装置、標識、ベンチ、ゴミ箱の形から売店にいたるまでを総合的に空間デザインしようということです。

また、私たちが手がけるのは、駅の構内や車体・車内のデザインにとどまりません。地上走行するメトロやRERの路線周囲の美観、あるいはバスターミナルやバス停など地上、地表空間のデザインも含みます。物のデザイン、環境のデザイン、情報のデザイン、サービスのデザインの綜合です。これらをまとめて一口にいえばグローバル・デザインということになります。……

西暦二〇〇〇年は、一九〇〇年に関連したパリ・メトロの一〇〇周年にも当たります。すでに説明したポリシィーで、快適な空間のデザインを推進せねばなりません。十四号線のサン・ラザールまでの延長、セーヌ架橋線路の照明効果など発表済みのプロジェクトもあれば、今後を見ていただくプロジェクトもあります。いずれにしても、従来の公共運送機関に対して抱きがちな暗い、汚いといったイメージを一新させる「新生メトロ」が一〇〇周年事業の中心テーマになりましょう。》

（フランス「日本人会新聞」一五六号）

シャンゼリゼ大通りのカフェ・フーケの隣り九七番地には日本人会があった（現在は 19, Rue de Chaillot 75116, Paris　メトロ　イエナ IENA 駅から徒歩五分に移転）。

このあたりはパリの中でももっとも豪華な街であり、有名ブランド店本社がひしめいている。

それらを列記すればシャン・ゼリゼ大通りの一〇一番地にルイ・ヴィトン、一四〇番地にマクドナルド、七六番地にジュ・エレクトロニク、七〇番地にマリオ・オテル、五二番地にプリジュニク、六〇番地にヴァージン・メガストア、二五番地にトラヴェラーズ・クラブがある。

モンテーニュ大通り五八番地にブリケ・デュポン、五二―五四番地にルイ・ヴィトン、五一番地にジャン＝ルイ・シェレル、五〇番地に旧ラリボワジェール邸、三九番地にニナ・リッチ、三〇番地にクリスチャン・ディオールがある。

ジョルジュ・サンク大通り三番地にジバンシー、七番地にイヴ・サン・ローラン、九番地にパリ農業会議所、一〇番地にバレンシアーガ、一一番地に中国大使館、一二番地にスペイン大使館、四六番地にカレ・ドールがある。

この繁栄の舞台は「黄金の三角形」と呼ばれている。

この「黄金の三角形」地帯は、訪問者たちはウインドー・ショッピングというより都市ブランドの頂点を垣間見るに留る。

オートクチュール業界も、多くはヴァンドーム広場北区からモンテーニュ大通りに移った。

第二次大戦後、一九四四年にピエール・バルマン、一九四五年にカルヴァン、一九四七年にクリスチャン・ディオールも移り、イヴ・サン・ローラン、ギ・ラロッシュ、ジバンシー、ジャン＝ルイ・シェレル、ニーナ・リンチが移動してきた。

サン・ジェルマン・デ・プレの名は戦後高まった。

特色あるサン・ジェルマン・デ・プレ教会のあるこの広場は、一時「サルトル＝ボーヴォワール広場」という名称で大々的にもてはやされた。だが今日では正式名はサン・ジェルマン・デ・プレ広場の名称にもどっている。

角にあるドゥ・マゴ（カフェ）のテラスと隣りのカフェ・フロールはサルトル、ボーヴォワールが仕事場にしたこともあって、知名度が加わり、観光客のなかには「彼らの席はここか」とギャルソンに問い正すことも多かったという。

その左手にある「ラ・ユーヌ」書店のショーウインドーの新刊のかざりつけに目をひかれる。

ラ・ユーヌとカフェ・フロールのあいだのサン・ブノワ街は、長年パリのナイト・クラブがあったが今日では「ファッション・バー」に変った。

サン・ブノワ街五番地は、『愛人』『北の愛人』などで知られる女流作家マルグリット・デュラスの住処があった。

サン・ジェルマン・デ・プレ／サルトル=ボーヴォワール広場

また隣りにはゴンクール・アカデミーのメンバーで詩人のレオ・ラルギエがいた。

サン・ブノワ街の正面にあたる、サン・ジェルマン大通りの一五一番地にはブラッスリー「リップ」がある。ここでは政治家や文筆家にも出逢う。

その隣りにミラノのデザイナー、ブテックのエンポリオ・アルマーニの進出を見る。

さらにその並びにカルチエがあり、ボナパルト街にうつるとマックス・マーラ、ゲランの店が続く。

ふたたびサンジェルマン・デ・プレ広場に戻ると、「ル・ディヴァン」書店がなくなってディオールの店に変ったことに気づき、残念がる人も多い。

その傍のアベイ街を東に向うとフェルスティンベール広場の美しい木立ちに着く。その一隅にドラクロワのアトリエ兼住処で、小ぢんまりしているが素晴らしい美術館がある。

オーベルカンフ OBERKAMPF

地下鉄三号線のパルマンティエ駅を出てレピュブリック大通りを進み、その左手のオーベルカンフ通りに入る。ここは今、若者のはやりのナイトライフの地である。

街の様子は、かつてのフォーブル・サンタントワース通りに似ている。バスティユ周辺のように、狭い路地、中庭、そして奥に多くのアトリエや労働者用共同住宅がある袋小路がある。

オーベールカンフはベルヴィルとの境にありアトリエが多く、絵筆が金槌に、そして芸術が手工業にとって変わった地帯である。

オーベールカンフ八〇番地は昔風の好みにあった花屋があり、九九番地の「メカノ・バー」にはかつての看板「機械・工具・近代的な工具類」がかけられている。

一〇一番地には、流行のカフェ「カルチエ・ジェネラル」がある。九六番地には「シェ・ジュスティーヌ」がある。九八番地もバーであり、一〇四―一〇六番地の「シテ・デュ・フィギュイエ」には長い石畳の中庭がある。一一五番地のカフェ「レ・ザバジュール・ア・クードル」のテーブルは時代もののミシンである。

一〇九番地は、名所となっているカフェ「シャルボン」があり、もともとここは名前通り薪屋（石炭屋）であった。大鏡が壁をおおい、そのために部屋が拡大する店内はこの地区のスタイルである。亜鉛製のカウンターは、かつてのカタルニヤの漁師たちが利用した集魚灯によって照明されている。

近くのサン・モール通り一〇二番地には、「ジョウロ」がある。この地区の客は、中庭やせまい路地を飾る生い茂る植物を好み、店はその環境をつくり出している。

一一七番地は蒸留酒製造所、一一二番地はカフェ「ファンジャン」があり、古ものの歯医者の肘掛けイスが名物である。

グット・ドール（金の滴）

メトロ（地下鉄）四号線で北に向うと、東駅、北駅をすぎると、バルベス・ロシュアール駅である。

この駅の周辺では、毎週水曜と土曜にバルベス市場が開かれる。ここではパリ中のどこよりも値段が安い買い物ができる。

アフリカからの民芸品は路上で

バルベス大通りの角にある「タチ」店は、衣類や日用品、結婚衣装、造花など破格の値段で売られ、店舗は年々増大している。

その通りの反対側にはマグレブ（モロッコ、アルジェリア、チェニジアを含むかつてのフランス植民地域）やアフリカ系の女性のためのアクセサリーの専門店が並んでいる。金製品やぎらぎらしたネックレス、金をちりばめたベルトなど貴金属を身につけている彼女たちは、衣装を飾るだけでなく、全財産を貴金属にして身につけているのである。しばらく行くと、モスク「アル・ファァト」がある。これまでいくども改築されたが、狭くて礼拝時には外まであふれる。

この界隈を散歩すると、異様な風俗に驚く。ターバンを巻いた女性たちは、自分たちのブーブー（アフリカ系黒人の着るゆったりした長衣）と同じ生地の布に包まれた赤ん坊を背負い、心ゆくまで雑談に興じている。

ここ「グット・ドール」（金の滴）界隈の由来は、この丘のぶどうから作られた白ワインから来ている。一八三〇年から六〇年以来の開発で発展し、さらにマグレブからの大量の労働者の進出で栄えた。

二〇世紀になるとベルギー人、ポーランド人、イタリア人、スペイン人の移民が加わり、アルジェリアからの移民が増加するのはパリ解放後である。アルジェリア戦争の影響を受けることも多かった。

七〇年代以後、西アフリカ大陸のアフリカ系黒人が、シャトー・ルージュ駅周辺に来て商業活動を始めた。ボロンソ通りにあるモスク付近では北アフリカ系のレストランと対抗している、セネガル料理、カメルーン料理のレストランがある。

グット・ドール界隈の北、メトロ、シャトー・ルージュ駅の近くのドゥジャン市場は、アフリカ・アンティーユ（西インド諸島）系の市場である。ここにはエキゾティックな食材もある。

九〇年代後半からはガーナ人やスリランカ人の進出もみられる。

グット・ドールは伝統的な移民の受入れ地であり、植民地フランスの表情でもある。

シャトー・ルージュの名は、かつて北海でとられた魚をレ・アルに運ぶ荷車がここを通ったことに由来しているという。

パナマ通り一番地にある「パリヴィック」では世界各国の魚が売られている。店ではセネガルで水揚げされて剥製にされた魚の頭が飾られている。五二番地では、コートディボワールの産物を売っている。

近くにあるドウルオ競売場では司法よりのおさえ品の競売が行われている。ほとんどは捨て値で、売れそうなものはのみの市にもっていかれる。

ドウジャン市場は、風変りな売場が並び、聞いたこともない名前の魚（キャピラン、バラクーダ、ティラアピア）が売られている。これらの冷凍魚はコンテナに入れられ船でアントワープ港に入ったものである。プランテン・バナナ、ヤマニホット、アフリカ芋など珍しい食材ばかりである。

夜になるとアンティーユ人は路上に大きな袋を開いて薬の量り売りをし、スリランカ人は焼きトウモロコシを売り、またあやしげに光る腕時計を売る商人もいる。

ドウジャン市場は典型的なフランスの庶民の市場であったが、今日ではパリでもっともエキゾティックな市場に変った。

サン・ドニ Saint-Denis

メトロ一三号線の北の終点に郊外の町サン・ドニがある。

この地にパリ第八大学が移ってから様相が変ったが、昔ながらの労働者の町である。

詩人ポール・エリュアール（一八九五―一九五二）はこの町の十九世紀に建てられた新しい教会の正面で生まれた。

彼はレジスタンス中に反ナチの詩集を書き、多くのフランス人がその詩によって励まされた。この闘いを通じて彼の詩が一層の荘重さと高度な簡明さを加えた。一九五〇年の詩集『頌』におさめられた詩「ぼくの正義は」は今日も若者に読みつがれている。

ぼくの正義は

人々の　熱い法則
葡萄で　酒をつくり
石炭で　火をつくり
抱擁で　人間をつくる。

人々の　きびしい法則
戦争と貧困にめげず
死の危険にめげず
無垢の身をまもること。

人々の　優しい法則
水を　光に
夢を　現実に
敵を　兄弟に　変えること。

Bonne justice

C'est la chaude loi des hommes
Du raisin ils font du vin
Du charbon ils font du feu
Des baises ils font des hommes

C'est la dure loi des hommes
Se garder intact malgré
Les guerres et la misère
Malgré des dangers de mort

C'est la douce loi des hommes
De changer l'eau en lumière
Le rêve en réalité
Et les ennemis en freres

古く新しい一つの法則　Une loi vieille et nouvelle
幼児の心の底から　Qui va se perfectionnant
最高の理性に至るまで　Du fond du cœur de l'enfant
みずからを錬磨するその法則。Jusqu'a la raison suprême.

今日のサン・ドニにはさらに新たな闘いが加わった。フランスの政治に対するプロテストがもっとも鋭敏に反応する町として若者の反抗運動が盛んである。この運動は移民の多い、郊外のカシアンに、クリシー・スー・ポワへと拡がる拠点である。

ＲＥＲ

メトロとは別にＲＥＲ（首都圏高速網）が発達し郊外からパリへの交通網が充実している。シャルル・ド・ゴール空港を起点とするＢ二―三号線は南のサン・レミ、レ・シュブルゥズまで行く長距離電車である。

その沿線の空港近くのヴィルパンテ Villpinte には、『パリの裏通り』(白水社刊)を書かれた堀井敏夫氏が、終の住処を求めて移住された旧街道町がある。別の章でも書いたが、詩人マックス・ジャコブが殺されたドイツ占領中の収容所があったドランシの町を左手に見る。次の駅が戦前、日本とフランスを初めて空路で結んだ「神風」号の到着地ル・ブルージュ空港である。

右手に、国立サッカー競技場の巨大な鉄骨を望遠すると、パリ市内の北駅は近い。

八、フランス人のエスプリ（機智）

フランスは美しい国であるが、フランス人がいなければもっと素晴らしい国だろうといった皮肉な意見が日本にある。

だが、度重なるフランスへの旅を続けている私にとって、この国の魅力は庶民のエスプリにあると感じている。何気ない人びとの対応のなかに、そのしぐさと発言のなかにそれを感ずるのである。

シャルチエの食事席

パリのモンマルトル街のレストラン・シャルチエは一度に二〇〇人以上の席のある大衆食堂であるが、そのシェフの客さばきは抜群である。

夕食時は列をなして待たされるが、空き席を待って、案内してくれる席は気が利いている。ある時、ようやく案内された相席は、無口な老人であった。

彼はいかにも楽しげに、料理を味わい、酒をのみ、相席の私に軽くえしゃくするのであった。しばらくは彼が何者かわからなかったが、すこしばかり言葉を交わすうちに傷痍軍人であることがわかった。彼が誇らしげに「傷痍軍人証」をポケットから出し、やおらしゃべりかけたからである。彼は大戦で傷ついて以来、一人暮しで、このレストランをよく利用し食生活を充分に愉しんでいるのである。

「フランスの戦傷者の保証は」「政府の待遇は」など問いかけると、何事もわすれたかのようにしゃべりまくった。まるでフランス政治の根幹をひきさいて見せるような勢いである。

そしてどの問いの中にも、「私ならこう思う」という独自な意見があった。

相手が老人であると、ボケの方はどうかと心配する人もあるが、あくまでもしっかりした口調だった。

食事が終ってラディシオン（勘定）になると、ギャルソンが客の使ったテイブルクロス紙に注文の諸献立と値段を書き込み、全金額を示すこのレストランの習慣のしぐさを注意深くたしかめた上、支払いＯＫを出す態度に、私までうなずいてしまうほどであった。

それにしても、シェフはよくこの席を割り当ててくれたものだと、今も思い返している。

＊

パリ・オーステルリッツ駅からジャンに向う列車内のできごとである。

この列車はかなりすいていて、列車には、客も少なく、わたしのコンパートメントには、中年の貴婦人風の女性が一人、ル・モンド紙を読んでいた。

私はその向い側に座ってノートにメモを書き込みながら、窓辺の風景のうつり変わりを眺めていた。そのうちに私は誤ってボールペンのキャップを床に落としてしまった。どこに飛んだのか？車内の静けさを考えて、探そうとはしなかった。ところが、列車がジャンに着く前にトイレに立って、席に帰ってみると、彼女が初めて丁重なフランス語で話しかけた。

「何かお探しのものはございませんか」といいながら、私が席を立っている間に席に落ちているキャップを見つけ出し私にそのありかを教えてくれたのである。

私がキャップを落としたときには、まゆ一つ動かさずにいた彼女が、それに気づいていながら、さわがずその後のもっとも適切な時を選んで私に示してくれた配慮には、ひどく感心させられた。

まもなく私の下車駅ジャンは近づいていた。私は深く彼女の厚意にお礼を言いながら、この列車をあとにした。

フランス人は、何も見ていないようで、実によくものを見ていることの例でもあろうかと思うが、私にとってはこの何気ないフランス人のエスプリ（機智）が忘れられない。

＊

ブルターニュ地方は、野趣に富みどこも魅力的であるが、北端にある古都トレギエの美しい風光、サン・ブリュの親しげな人柄など、数限りない。

それに加えて、モルレの町は一度訪れただけでもいつまでも心ひかれる土地である。

ある夏、この町で、美学者ジャン・グルニエ展が開かれるというので行ってみたのだが、この北の町の周辺には春と夏が一気におしよせるような花の季節に恵まれ、心ゆくまで気持ちがほぐれていった。

そして夕食に立派な体格であたりを支配しているようなマダムのレストランに入った。

「私一人ですが、席はありますか」と言うと、奥の方へどうぞといって窓側のよい席に案内してくれた。夕食時には少し早い時間であったので閑散としていたが、そのうちに客でこみ始めた。

私のテーブルの相席はどうするつもりかと思っていると、一人の中年の男性を案内して座らせた。どんな人なのかと気づかう心配はなかった。その人はこの市役所に勤める常連客であり、私の問いになんでも答えてくれる人物であった。

「この市は実にすばらしい場所にありますが、町を少し歩いてみると『空き家』の看板が多いのに驚いています」というと彼はすかさず市の不動産事情を面白く解説してくれるのだった。

「夏場はいい気候だが、冬の寒さは格別で多くは夏の避暑地用家屋なのです。……これから入手されるのでしたら、よい物件を紹介しますよ……」とまで言ってくれた。

そして自分が今ここのレストランに来ているのはバカンスで妻子が出掛けて不在のためなのだと説明さえしてくれる。

イギリスは対岸なのでイギリスの客は多く見かけるが、日本人は珍客だと歓迎するあたり率直である。

かといって相手のプライバシィに関することを話題にすることなく、市の広報の役割は十分に果たしてくれそうな話上手であった。

帰りがけにマダムに「相客の選択」に感謝の言葉をかけると彼女もまたすばらしい笑顔を返してくれた。

翌朝、散歩に町に出ると、昨夜レストランで同席した男と出会った。「家族がバカンスでいない間の気楽な朝だ」とにこやかに握手を交わした。

その日のうちにモルレを立ったが急行で八時間（今はＧＴＶができて三時間）かかるパリまでの道中の夢がふくらんだ。

かつては軍港町でしかなかったブレストに大学もでき、レンヌも大学町になったことなど思い浮べながら、次のブルターニュ地方への旅のプランを描くのであった。

＊

次は友人から聞いた話である。

彼は大学で一年間学ぶために庶民の街のアパルトマンに滞在した。週末はどこか地方に遠征してゆっくりすごすゆったりした旅人でもあった。

そんな彼が一年の滞在を終え、日本に帰ろうとして、そのアパルトマンのコンシェルジュ（管理人）に挨拶に行った。

それまで、何をしているなどという話題はなく、ときに顔を合わせるにすぎなかったが、彼に日本に帰る旨を告げると次のようにいった。

「フランスの生活は満足がいきましたか。もし国に帰って不都合があったら、またここに帰っていらっしゃい。いつでも暖かく迎えてあげますよ」とこの大学教授に言葉をかけた。

友人はそのフランス人の堂々とした言葉には驚いた。

「他国で食いつめたらフランスに帰って来い」といった信念が彼にはあったのであろう。

そうした夢ともいえる確信がフランス人の庶民には流れているのである。

こうした庶民感覚でいうと、パリには救済しなければならない日本人がいる。

オペラ界隈にたむろしている日本人観光客は、大半がパック（団体）旅行の人たちである。

ある日、メトロの切符売場に沢山の日本人女性が集り、切符はどうして買うのかを問答していた。

私は即座にその方法を示して同じ電車に乗り込んだ。それまでは何でもないことと思い込んでいたが、この人たちが一団をなしてしゃべりまくるとすさまじい騒音となることに驚いた。私は二〜三駅をすぎる頃に、たまらず下車してしまった。

少人数のうちは音無しいが、大勢になると破目をはずすアメリカ人に似て、パック旅行の元祖アメリカと日本の旅行団は似ているのである。

それに日本人旅行客は身分不相応なブランド品を身につけている。そんな豪華なハンドバックをもち歩いては危険ですよといいたくなるような旅行者を数多く見受ける。

それゆえパリはスリも乞食も多くて子供のカッパライにも会うという。

その対策はただ一つ、旅行者らしい派手な服装を慎むことである。普通の市民と同じような姿であれば被害は少なくなるはずである。

混雑する地下鉄内で、ズボンの後ポケットなどに財布を入れておくと、不思議なほど多く被害にあう。

私もリヨン駅で時刻表を見ていた折、近づいて来た男が私に触れたかと思ったら小銭入れがなくなっていた。即座に私は「どろぼう」と叫ぶと、その男は小銭入れをぽとりと落した。彼は逃げながら「おれはちがうぞ！」と叫んで逃げて行った。

これはスリの未熟者だったのだろう。

パリにはスリも世界一のベテランがいるといわれているので、そんな男に引っかかったら防ぎようはない。

パリのド・ゴール空港からRER（地下鉄）に乗って都心に向うルートは危険だというおふれが出ている。

やれパリに着いたという安心感から荷物を列車にほうり込み、座席と少し離れたところに置いて、かっぱらいに持っていかれるケースがある。まさかあんな大荷物がと思ったスキから起るのである。もう一つは都心に入ってサン・ミシェル駅などで、地上まで登る長いエスカレーターなどで何者かにバックの取っ手が開けられるケースなどがある。

旅はスリへの用心からと当局が叫ぶのも無理でない。

チーズの味は世界一

私の留学時代の下宿は、夕食つきであった。朝は一杯のコーヒーが用意されるだけでパンやバターなどは自分でととのえることになっていた。夜は本格的な食事が出され、そのデザートはチーズ（フロマージュ）つきであった。

主人であるマダムが席につき、配られたチーズは何かを下宿人に問いかける。いつも決ったようにカマンベール、ブリー、カンタール……とあてずっぽうに答えていると、彼女の勘にさわった。「フランスのフロマージュの味をわかってこそフランスがわかろうというのに」と言いながら、そのチーズの産地あてクイズは続けられた。

そんなことからフランスのチーズについての私の知識は増えていった。

まずフランスを代表するソフトチーズは、ノルマンデー地方のカマンベール村が原産地のカマンベール Camembert。今日世界でもっともポピュラーなナチュラルチーズである。

次はカマンベールとならんでフランスのソフトチーズの代表はブリー Brie である。パリ盆地のラ・ブリー地方のモーやムーランなどが産地である。白カビにおおわれた鏡餅のように大きく、夏期が美味である。

つぎは、やはりノルマンデー地方のカルバドス県のポントレベック村の名産ポントレベック Pont L'Evêque。表面は厚あげに似ており、中身は美しい黄色で、強い香りとこくがある。

旅行用に作ってくれたサンドウィッチに二〇〇〇年以上も昔から作られているロックフォール Roquefort が添えられているときは嬉しかった。羊の乳を原料とした青かびチーズで強い刺激性の風味があった。

これに味をしめて、ユースホステルを根城にしたヒッチハイク用に一かたまりのロックフォールを持参したことがあるが、旅の終りごろにはすっかり持て余した。それほどに塩からいのである。ロックフォールの産地オーヴェルニュで生れ、そこで死んだ作家アンリ・プーラ（一八八七—一九五九）の密度の濃い、土地の香りの高い文体で書かれた『ロックフォール物語』で啓発された。

ロックフォールより塩分が少くなめらかなバター状の中に青カビが入っているブレス地方のブルー・ド・ブレス Blue de Bresse がある。小さい円筒型で持運びに便利である。

以下ときどき食卓を飾ったチーズを列記してみよう。

ポアト地方で古くから作られている山羊の乳のチーズ、ピラミッド Pyramide は形もピラミッド形で独特の塩味が利いている。

同じく山羊の乳から作られた小型チーズ、バノン Banon がある。プロヴァンス地方のバノン村の産でブランデーに浸した栗の葉で包んだものなど珍しい。少し酸味がかっている。

スイス国境に近い山地でつくられる重さ八〇キロ以上ある車輪型チーズ、エメンタール Emmental、重さ三〇キロの車輪型のコンテ Comte で、チーズトースト（クロックムッシュ）などのフランス料理に使われる。

球型で重さ三キロのミモレット Mimolette はフランス北部、ノール県やブルターニュ地方の名産でくせのないマイルド風味である。

カンタル県オーヴェルニュ高原でローマ時代からつくられているフランスのチーズの中でもっと

も古いチーズ、カンタル Cantal は直径三〇～五〇センチ、重さ二五～五〇キロの円筒形。風味が強く、とくに消化しやすいチーズといわれ、胃弱の人、病人食に広く使われている。

そういえば、私が交通事故後の通院中に下宿でデザートとしてよく出してくれたのがカンタルであった。

世界中でチーズの種類は六〇〇―一〇〇〇種といわれているが、フランスチーズの種類は約四〇〇種あるといわれている。「ひとつの村にひとつのチーズ」があるといわれるほどである。フロマージュ（チーズ）はワインがそうであるように気候、風土、土壌、原料のミルク、製法の技術、香辛料や薬味などによって風味は異なる。フランス人はその風味の個性を長年月かけて培い守ってきたのである。

フランスの美食学者ブリヤ・サヴァラン（一七五五―一八二六）が名著『味覚の生理学』の中で次のように書いている。

「チーズのでないデザートは、片目のない美人のようなものである」と。

それにガストン・ドゥリースはさらにサヴァランの金言を補った。

「チーズのでないデザートは、心の欠けた美人のようなものである。」

チーズは日本でも今日ではずいぶん広まっている。

だがチーズは日本料理におけるたくわんの位置にあるというと誤解であろうか。色と形は似ているが、内容のこくが違いすぎる。

ともかく、こり性である日本人とフランス人は共通性もあるが、アメリカ風の消費生活にひたりきっている点から言えば日本はたががゆるんでいるのではないだろうか。


ここらでチーズ料理の通の声を聞こう。

ポール・ルブー(一八七七―一九六三)は食通の作家である。食通アカデミーの会員で、自分の好みの空想的な料理の本を沢山書いた。

ある日、ポールがチーズを使った料理に夢中になっているのを見て、彼に確かめた。

「そう、きみの言う通り、ぼくはチーズ料理が好きでたまらないのだ。なんと言ったって、火を通したチーズ fromage cuit は料理を美味しくするおともだ。まったく驚くほど適応性に恵まれているよ。」

ポールは、また、テーブルの上に良質のチーズがひとつ置かれていれば、その家のマダムの眼識がわかると言っている。そして彼としては、デザートのときに、デカルトについて論じたり、人生は「生きるに値するか」などという質問を発する女性よりもノルティエ Nortier やヴァヴァスール

Vavarseur（いずれも当時の有名なパリのチーズ商）の特製チーズを使うことを心得ている女性の方を高く評価する、とのことだった。ポール・ルブーの独創的なチーズ料理をここに採録しよう。

トリュフ入りチーズ Fromage aux Truffes
エリソン・オ・シェステール Herisson au chester
グリュイエール入りバルケット Barquettes au Gruyère
チーズとオリーヴ入りタルト Tartes au Fromage et olives

パレ・ロワイヤル庭園

チーズを語るとき忘れられないのはコレットである。女流作家コレット（一八七三―一九五四）はパリの中心パレ・ロワイヤル庭園に囲まれた館に住み、猫と民衆に親しまれ、亡くなった時の国葬ではこの庭園はファンで埋めつくされた。また彼女は偉大な食道楽の作家であった。彼女のチーズ讃歌は語り伝えられている。

《パリには、口あたりのおだやかなもの、その反対に舌につんとくるもの、食欲を増進させるもの、酵素に富んだもの、フランス国内の地下穴蔵で熟成させたもの、あるいは遠くで産するものなど、どんなチーズでもあり、それらはみな買い手にことかかない。ところが、知識、経験のゆたかな愛好者、それも女性たちのそれはなかなか見当らない。彼女らはチーズが大好きなのだが、太りたくないというあの恐ろしい神経衰弱症にとりつかれてからは、一切チーズを断ってしまう。元来女性の方が男性よりもうまくチーズを選べたのであった。外皮をさわってみたり、中身が柔軟かどうか調べたりして、ひとつのチーズの良否を判断することは、電気輻射線を感ずる能力で、病気や地下水を見当てる仕事に少し似ている。

中身の部分が、金だらいの置きクッションのようにふわふわしているカマンベール、ルブロション（サヴォワ産）、マルクール（ノール県産）などのチーズが、外皮をおすと、かさかさ音をたてる様子を研究したり、マンステル（アルザス産）がその中身が余りにも水分が多すぎて溶けるようになっていないかと判断したり（そうなっているのは、早く熟しすぎることによる苦さ、口あたりの良さどころかむしろ鋭さを生ずる前兆であるが）それだけにいろいろと無駄な気遣いがあるのです。私はチーズ屋で恥ずかしい思いをする。その店に入ると、私はまずチーズの表を、次に裏をしらべる。その時、次のように言っている客の列が目に入る。

「切ると流れるほど充分熟成した、良いカマンベールがありますか」

「一番いいポントレヴェックをひとつ欲しいのですが」

黄金の外皮で包まれ、厚い一面のかびの下に神秘なものをたたえているチーズには、関心の一べつも与えないし、自ら調べてみようという態度を示さない。彼らは代金を払って、店から出て行くだけ。通人ぶった風をするために、どれを買おうかと迷って、ぶらぶらしている時は別だが。もし私にこれから結婚しようとする息子がいたら、「ぶどう酒も、トリュフも、チーズも、音楽も好きでないような娘さんには用心しなさいよ」と言いましょう。》（『ラルース・チーズ辞典』三洋出版貿易）

今日では、カフェやサンドウィッチ屋でもチーズの味の利いたサラダ・コンポーゼ Salades composées を食べることができる。その代表的な種類は次の通りである。

1 キクヂシャ、エシャロット、ロックホールの組合せ
2 タケヂシャ、ポテト、玉ネギ、グリュイエールの組合せ
3 アンディヴ、ロックフォールの組合せ
4 キュウリ、ピーマン、レモン、ロックフォールの組合せ
5 キクヂシャ、ニンニク、固ゆで卵、アンチョヴィ、パルムザン、クルトンの組合せ

田舎のカフェなどで食べたサラダ・コンポゼの味が忘れられない人も多いだろう。

蚤の市

蚤の市の歴史は古い。そして日本人にも永く親しまれている。

「新帰朝、ご趣味のもとは蚤の市」という川柳でうたわれているように、戦前から数少い日本人のパリ在住者も出掛けていたのである。

その後もこの習慣は受継がれ、蚤の市の値切り方まで語りつがれている。

「これはという物を見つけたら、指さしして値段を聞いては駄目だ。手のかわりに足でそれを示すのだ」と。そして余り気のないふりをするに限るという。

そんなしぐさで、十八世紀のキャンベールのインク壷やイタリアのマジョリカ皿を買った記憶がある。

知人のKは日本ではグラフィックデザイナーであったが、パリでは健康食品レストランのコック

クリニヤン・クールの蚤の市

をやっていた。その住居に行って驚いた。彼の居間の壁一面に二十数個はある柱時計（飾り時計）がかかっているではないか。「これらは、すべて蚤の市で買ったのですよ。毎週のように出掛けて行って。こり始めたらきりがなくて……。」

今、蚤の市をのぞいて見てもKさんのような大コレクションの柱時計は見当らない。

今も土曜から月曜にかけてパリ市の境界線のあたりで行われるクリニヤン・クールは家具などの上のみ、装飾品の中のみ、掘出し物の下のみの三段階に分かれていて盛況であり隣のサン＝トワンにまで拡がっている。

日用品が多いモントルイユ、小間物が多いヴァンヴの蚤の市は昔ながらの掘り出し市として栄えている。ヴァンヴの近くのジョルジュ・ブラサン公園の古本市も見のがせない。

蚤の市はアンティケール（骨董・古美術商）、ブロカントゥール（古物商）の市場であるが、このごろでは路上の広場や競技場で屋外ブロカントが開かれている。ヴィッド・グルニエ（物置一掃）とよばれる古物市は冬期以外の週末にはどこかで行われている。

昨夏もムフタール街を歩いていたら、その五二番地に vivement Jeudi（木曜以外は駄目よ）と看板を出している骨董屋をのぞいた。自分の部屋に貴重品を配して独り老婦人が座っている。売り物だというシャンデリヤを愛でながら値段を聞いたが、一旅行者のふところにあうような金額ではなかった。

バスチーユ地区は再開発も進み、リュ・サントワーヌをはさんでピカソ美術館などが出来た北部と南のセーヌ河に向う区域はマレー地区として栄えている。

その中にあるサン・ポール街は、骨董・美術商が立並び、掘出し物の逸品を求める外国人観光客などが集まっている。

蚤の市

こんな古びた店構えで、古物がまばらに並んだだけの店にも何か魔力のように引きつけられるものがある。かつてフランスの腕時計の逸品であったが、大争議の末につぶれたリップ LIP の品も輝いてみえる。デザイン時計の秀作ラドー RADO の手巻も珍しい。あれもこれもと眺めているうちに日は暮れていく。

フランスの教育の特色

パリの街中を歩いていると、エコール・マテルネル Ecole maternele と書いた学校らしい建物がある。ここは二～三歳から入学できる幼学校であり、日本流にいえば保育園、幼稚園の年齢の児童がかよう学校であり、公立の場合が多い。

フランスでは、四、五歳児の一〇〇％、三歳児の九九％が幼学校に通っている。早い時期から、家庭から出て共同生活をするのは教育の根幹である。

それに早くから「子離れ」するので働く女性にとってはうってつけである。ヨーロッパ諸国の人からもうらやまれる制度である。

それにフランスでは幼少のころから詩や歌を覚えこませる教育がある。こうした教育は、脚韻を踏むフランス語の美しい語感とリズム感がしらずしらずのうちに身についてくるのである。幼学校のカリキュラムに、「毎年数え歌・指遊び歌を十以上、シャンソンと詩を十以上歌ったり言ったりすること」とある。

このような詩を学ぶ教育は小・中学リセにまで及び、暗記力を養い、デカルトの『方法序説』の暗記からフーコー哲学への関心にまで至るのである。

パリなどの大都会の書店には「詩」のコーナーが大きくとられ、フーコー、ドゥルーズの思想書が平積みされているわけがうなずける。

ところで、フランスでも平等に教育を受ける権利が失われかけているのである。理工系高等エンジニアを養成するエコール・ポリテクニク（理工科大学）やパリ国立高等鉱業学校、国立土木学校、文科系の高等師範学校（エコール・ノルマル）、商科系の高等商業学校（HEC）、高級官僚を養成する国立行政学院（ENA）といったグランゼコールを目指す生徒たちは、ビエール・ブルデューのいう「文化資本」をもつ階層に限られてしまっている。

これを打破する教育改革もデモも繰返されている。

一九七五年のアピー改革以来、教育は大衆化されたが、「できる生徒」と「できない生徒」のクラス分けがされ、「できない生徒」は職業教育コースをすすめられる状況は改善されなければならないだろう。

それに日本人の子弟は、初歩クラスで有能だが、最終コースに弱いようである。

日本と同様医学部コースも難関だが、私の知人の子弟も、医師免許をとりながら検査医止りになっているケースがある。これは学制の問題というよりは、個人の集中力、体力・馬力の差であるかもしれない。

九、移民国フランスの仮の住処

パリに着いて驚くのは黒人が多く、それも堂々とふるまい、白人社会にすっぽり溶けこんでいる姿ではないだろうか。

一九五〇年代の私の留学生のころには、多くの黒人の招待留学生がおり、その人たちが白人にもてはやされる姿が目立った。

そんな姿を、「彼らは多額の給費をもらい、一週間で女のために消費しつくして、あとの三週間はパンと水だけで生きているのだ」と言いふらされていた。

だが、彼らと少しは言葉も交わし、親しみをもち始めると、この目をひく黒人青年たちの中に、「優れた異民族の代表として、彼らが祖国に帰れば、指導者として迎えられる人たちだ」と尊敬の気持さえ起こり、静かに遠くから眺めていたのである。

そんな彼らが、今度はフランスを威圧する勢力になろうとは信じられなかった。それにはアルジェリア戦争とベトナム戦争の長い政争が横たわっている。

フランスが移民国となったのは十九世紀後半から組織的な外人労働者の受け入れが始まり、第一次大戦による人口減少をうめるためもあり、一九三一年には外人滞在者は二八九万人（人口の七％）に及んだ。

それは隣接のベルギー人がもっとも多く、ユダヤ人、東欧人、第一次大戦下オスマン・トルコの「虐殺」から逃れたアルメニア人、ソ連革命後のロシア人、フランコ軍に敗れたスペイン共和国の市民たちの移民であった。

第二次大戦後も外人労働者の移民はあったが、それはヨーロッパ諸国からであった。ところが一九六〇年代にイベリア半島のスペイン、ポルトガルからの大量の入国とともにマグレブ、ブラックアフリカ、インドシナ三国とトルコからの移民が加わり、彼らは外国人人口の五五％、移民人口の五二％にもなった。

それに旧フランス植民地、保護領、保護国の出身者たちは、「自分はフランス人」または「フランス人と変わらない対等意識」をもっている。だが現状は「平等」ではなく、進学、就職でもハンディがあり、深夜の外出も保証されていない。こうした不満はいたるところに充満している。

それに九〇年代になって注目されるようになった「サン・パピエ」(Sans-Papier)＝正式な書類がない人びとの運動がある。ブラック・アフリカ系が多く女性、子どもも含み、劣悪な生活の中から、住宅、人権を要求する。彼らは「住宅への権利」運動を起こし、パリ市内の自治体や公営住宅の空き家を占拠し「戦う移民」の存在を示している。

それに移民の棲むカルチエは、パリ一八区のバルベス地区を除けば郊外の町である。そこに住む移民の二世が改革ののろしをあげている。

二〇〇五年秋、パリの北東郊外クリシー・スー・ポワで二人の少年が警察のパトロールに出会い、職務質問をかわそうと変電所にかくれ、感電死した。それがもとで約三週間、連夜若者たちによる車への放火や破壊が続き、全国の各地に拡がった。

サルコジ内相は「彼らは盗みを働こうとしていた」と虚偽の発言をしたために、地元の若者たちが立上がった。内相は

デモは連日繰り返される

この事件の直前にも若者たちのことを、「社会の屑」とか「ごろつき」と呼んでいたことが導火線であった。

日本のテレビや新聞でも大々的に伝えられ、フランス全土で暴動が起きている印象さえ与えた。

さらに二〇〇六年の二月―四月には、一九六八年春の全フランスゼネストに匹敵するような社会運動が起った。

ド・ヴィルバン首相は新しい雇用契約CPE (Contrat Premiére Embauche) をつくる案を発表した。二六歳未満の若者を採用する折、二年間は雇用者が理由なしに解雇できるという法案に対して若者たちの不満は爆発した。大学生・高校生と全労働組合がいっしょになって二～三百万人のデモが繰りかえされた。そして遂に政府を後退させた。

CPE法案は撤回されたが、グローバル経済においては、雇用の自由化は人間の存続を圧迫する状況になっている。

ところでサン・パピエという言葉は、「密入国者」や、「不法滞在の移民」に代って使われているが、実はかつての難民以上に抑圧されているのである。

サルコジ大統領は、欧州連合（EU）で中心的役割を果すと宣言したが、移民問題をはじめとするフランスの内政問題を解決できるであろうか。新大統領サルコジが、ハンガリー系の移民の子であるのも皮肉である。

流動化する味覚

移民の国フランスの首都パリを歩いてみると、おびただしい多民族のなかにこれまたさまざまな食文化が入りまじっている。

ある夏、カルチエ・ラタンの路上で、旧知の東京のフランス語教師に会った。五〜六名の学生たちを連れていた。彼らは夏期ゼミナールで語学研修中の人たちである。

「これからアフリカ料理のクスクスCOUSCOUSを食べに行くのです」という。

パリ中に数ある各国レストランのなかで「何もクスクスでもあるまい」と思ったが、味覚は流動化してこの若者たちにあの味が好みになってしまっているのである。

かつて空想的社会主義者フーリエは、あるとき、彼がモロッコ料理のクスクスを食べることになったが、どうしても、それに用いられている独特のバター（スメン）の風味に馴染めなかったという逸話がある。

「パリで何を食べるか」は手軽な課題のようだが、答は容易ではない。

世界の四大料理は、フランス、イタリア、中国、レバノンと分けられるが、大衆化すると数十倍、数百倍にも店は拡がり、もはやその特色は消えていく。

かつてパリの中国料理は、上海楼、北京飯店など高級店ばかりであったが、今や数千軒と惣菜店まで含めると万軒を数える。日本料理店にしても、戦前は「ぼたんや」（それを受けつぐモリエル街の「たから」は健在）だけだったが、今やラーメン店、中国人経営の焼とり、すし屋が街々をおおっている。だがレバノン料理は影をひそめ大衆料理クスクスが横行する。

そんな中で、気取った人は、サンジェルマン・デ・プレのドゥ・マゴーで朝食をとすすめる。それだったらそこから近いカネット街のバルトロ BARTOLO（イタリア料理店）の特選ピザだと声をかけたい。小ぢんまりした店で夜八時からしか開かない逸店だけにいつも満席である。

ラーメン屋の姿も懐かしい

本格的なフランス料理ならアラール Allard 1, rue de l'Eperon 75006, Paris だが、たっぷりした盛付けで、どんな大食漢《グルメ》でも満足できる。このごろ皿数ばかり多い懐石風の料理名人のフランス料理などはいただけない。

「食は広州にあり」をもじって「食はパリにあり」などと思い、ミシュランの頁をめくって食べ歩くパリ食通もあるが、フランス人自身の食事はそんなところに無縁で意外に質素である。だから、昼食などの定食屋、サンドイッチ、スナックバーの繁昌がみられる。

食文化はその味だけでは決まらない。

昨年滞在したパリの宿は、どうしても泊まりたい地域であった。それはドゥルーズの家のあるアヴニュ・ニエール Av. Niel に近い宿であった。

その通りには立派なレストランが四軒もあり、のこらず食べ歩いた。

そのうちの一軒はレストランというよりは大きなブラスリー（ビヤホール）であり、昼、夜とメニューが違っていた。昼は

バルトロの店も見える

フランス人風の定食、夜はマグレブ風の料理店であった。

昼のブルゴーニュ風のシチュもうまかったが、最後の夜、食べた豪華なチュニジア料理はすばらしかった。「かくし味」のせいだろうか。

翌朝、十一月だというのに雪であった。その小雪を払いながら、再びこのニェール並木通りをたしかに見おさめ、空港へ急いだ。

あとがき

「もしきみが、幸運にも、青春時代にパリに住んだとすれば、きみが残りの人生をどこで過ごそうとも、パリはきみについてまわる。なぜならパリは移動祝祭日だから」といったヘミングウェイの言葉は身に染みる。

その『移動祝祭日』の新しい訳本が今春新潮文庫から出版された。

「パリには決して終りがなく、そこで暮した人の想い出は、それぞれに、他のだれの思い出ともちがう。……」という結びに今、改めて思いを潜める。

ヘミングウェイは、「貧しかったパリ生活」を懐かしんだが、私は今一歩視角を変えて現代フランスの哲学者フーコーやドゥルーズの「知」のひらめきに支えられ、『パリ　かくし味』を書き進めた。

また美学者ジャン・グルニエに高い評価をうけた木村忠太の美術展が、高崎市美術館で開かれている。「魂の印象派」キムラの大作八一点をも集めたこの土地のコレクター故原一雄氏の収集品が、パリ在住で八七歳の木村幸子夫人を招待して公開された。それにこの夫人がデザインされた『KIMURA』画集（英、仏、日の三カ国語付き）がフランスのLIENART社で出版され新しい話題を呼んでいる。

フランスでは高齢者の活躍が目覚しい。

ベケットの晩年の劇でもその現象が見られる。人間の老いは、死に近づくことでもあるが、感覚が研ぎ澄まされることでもある。見えないはずのものが、はっきり見えてきたり、聞こえないものが聞こえてくる様子が見られる。身体が不自由になるのとは反比例して知覚が冴えてくる。

二〇〇八年、パリで、日本の書物二冊のフランス語訳が出版された。幸徳秋水の『二十世紀の怪物、帝国主義』と中江兆民の『三酔人経綸問答』である。

二〇一一年は、大逆事件で幸徳秋水が処刑されてから一〇〇周年。「大逆事件とドレフュス事件」をめぐる日仏シンポジウムが開かれるという。

歴史を切り裂く新しい展望が見出されるだろうか。

最後になったが、この書の特色である多くの引用文の借用を許された原執筆者と日本文芸家協会の助言に感謝したい。本書に登場する人物は原則として敬語を省略させてもらった。また外国の地名、人名の表記は慣例によった。

本書の成立にあたって、なによりも海鳴社の辻信行氏にお会いできたことを喜びたい。清新な潮風が吹き、さわやかに進めてくださったことへの厚いお礼をこめて。

二〇一〇年春

蜷川　讓

著者：蜷川　譲（になががわ　ゆずる）

戦前の基隆市に生れる。

早稲田大学政経学部、同文学部大学院を経てパリ大学に留学。現代フランス文学、比較文学専攻。日本福祉大学教授、早大講師などを歴任。1951年ロマン・ロラン協会を設立。以来、研究誌140号と公開研究会442回主宰。

主な著書：『ジャン・クリストフの見える丘』（三笠書房、1953）、『ロマン・ロラン読本』（河出書房、1955）、『フランス文学散歩』（社会思想社、1959）、『ロシア文学の旅』（社会思想社、1961）、『パリに死す——評伝・椎名其二』（藤原書店、1996）、『パリの宿』（麗澤大学出版会、2002）など。

パリ　かくし味
2010年　5月28日　第1刷発行

発行所：㈱海 鳴 社　http://www.kaimeisha.com/
〒東京都千代田区西神田2－4－6
Tel：03-3262-1967　Fax：03-3234-3643
Eメール：kaimei@d8.dion.ne.jp
振替口座：00190-3-31709

発 行 人：辻　信　行
組　　版：海　鳴　社
印刷・製本：モリモト印刷

出版社コード：1097

ISBN 978-4-87525-270-2